PREUVES

DE LA

NON-DÉCADENCE ET DE L'ACTIVITÉ

DU

COMMERCE DE MARSEILLE,

RÉFUTATION

DES CHIFFRES DU MÉMOIRE DU SYNDICAT DES COURTIERS A LA CHAMBRE
DE COMMERCE ET DES ARTICLES DE M. CLAPIER, TENDANT A PROUVER
LA DIMINUTION DES MOUVEMENS DU PORT ET LA DÉCROISSANCE DU
COMMERCE.

Par FALLOT DE BROIGNARD,
Capitaine d'État-Major,

CHEVALIER DE LA LÉGION D'HONNEUR ET DE L'ORDRE ROYAL DE CHARLES III
D'ESPAGNE, MEMBRE DE LA SOCIÉTÉ DE STATISTIQUE DE CETTE VILLE, ETC. ETC.

PRIX : 1 FRANC,
au profit des Orphelins d'Arenc.

MARSEILLE.
TYPOGRAPHIE DES HOIRS FEISSAT AÎNÉ ET DEMONCHY,
Imprimeurs de la Ville et du Commerce,
RUE CANEBIÈRE, N° 19.

1837.

PREUVES

DE LA

NON-DECADENCE ET DE L'ACTIVITÉ

DU

COMMERCE DE MARSEILLE.

La bienfaisance de nos compatriotes s'est émue en apprenant le triste événement qui a mis le deuil dans trois familles de notre ville ; la mort que des malheureux trouvèrent dans l'anse d'Arenc a rendu plusieurs enfans orphelins ; l'auteur de cette brochure désirant s'associer à la compassion de ses concitoyens, a pris la détermination de joindre le produit de la vente de son ouvrage à la souscription ouverte chez Me Renouard, notaire, au profit des enfans de ces trois personnes qui ont péri si cruellement dans la matinée du Dimanche 16 Avril dernier.

PREUVES

DE LA
NON-DÉCADENCE ET DE L'ACTIVITÉ

DU

COMMERCE DE MARSEILLE,

RÉFUTATION

DES CHIFFRES DU MÉMOIRE DU SYNDICAT DES COURTIERS A LA CHAMBRE DE COMMERCE ET DES ARTICLES DE M. CLAPIER, TENDANT A PROUVER LA DIMINUTION DES MOUVEMENS DU PORT ET LA DÉCROISSANCE DU COMMERCE.

Par **FALLOT DE BROIGNARD**,
Capitaine d'État-Major,

CHEVALIER DE LA LÉGION D'HONNEUR ET DE L'ORDRE ROYAL DE CHARLES III D'ESPAGNE, MEMBRE DE LA SOCIÉTÉ DE STATISTIQUE DE CETTE VILLE, ETC. ETC.

PRIX : 1 FRANC,
au profit des Orphelins d'Arenc.

MARSEILLE.
TYPOGRAPHIE DES HOIRS FEISSAT AÎNÉ ET DEMONCHY,
Imprimeurs de la Ville et du Commerce,
RUE CANEBIÈRE, N° 19.

1837.

PREUVES

DE LA NON-DECADENCE et DE L'ACTIVITÉ

DU COMMERCE DE MARSEILLE.

Par **FALLOT DE BROIGNARD**,

CAPITAINE D'ÉTAT—MAJOR,

MEMBRE DE LA SOCIÉTÉ DE STATISTIQUE DE CETTE VILLE.

J'AI eu, trois fois, l'honneur de présider, en séance publique, au milieu de l'élite de notre population, la Société de Statistique de cette ville, et, chaque fois, j'ai cru devoir faire connaître à mes concitoyens les résultats de ses investigations, et constater les progrès de l'instruction, du commerce et de l'industrie. J'éprouvai une vive satisfaction, lorsque comparant les mouvemens du port de Marseille avec ceux des principaux ports du monde, je vis qu'ils n'étaient inférieurs qu'à ceux de Londres et de Liverpool. Je m'empressai de révéler ce résultat inattendu. De même, l'année dernière, je ne pus résister au désir de citer les noms de nos compatriotes, qui avaient obtenu des succès dans les sciences, les lettres, les arts et l'industrie. En agissant ainsi je me conformais, d'ailleurs, au but de notre société; car elle fut instituée pour continuer et compléter le bel ouvrage de M. de Villeneuve. Je reçus chaque fois des marques d'approbation et de bienveillance dont je garderai, toujours, un précieux souvenir.

Consacrant tous mes loisirs à rassembler les documens statistiques épars publiés sur Marseille, et acquérant, chaque jour, par leur réunion, de nouvelles preuves des progrès constans de sa prospérité , j'ai dû voir, avec surprise, le mémoire du syndicat des courtiers , annoncer que le mouvement des navires de notre port diminuait chaque année et que le commerce était en décadence. Mon étonnement a augmenté en voyant ces assertions basées sur des chiffres inexacts, quoique tirés d'une source officielle, et le syndicat m'adresser bénévolement, ainsi qu'à la société, l'épithète de maladresse , pour avoir dit la vérité.

Il était de mon devoir de prouver l'inexactitude des chiffres cités dans le mémoire du syndicat. Je l'ai fait par mon rapport du 9 février, en prouvant la prospérité de notre ville. Je pensais que l'augmentation du nombre et du tounage des navires entrés ou sortis, et celle de la recette de la douane démontraient assez l'augmentation et l'activité du commerce. Quant aux autres documens que j'avais réunis, bien que leurs chiffres fussent moins concluans, je ne les groupais autour des premiers que pour corroborer par ces demi-preuves l'induction tirée des deux principales : les mouvemens du port et la recette de la douane.

J'eusse bien désiré donner la valeur totale des importations et des exportations ; mais il m'avait été impossible de me les procurer, car la douane elle même ne les connaît pas. Cette administration ne fait que le relevé, par puissance , des quantités de marchandises entrées ou sorties ; elle ne totalise même pas les articles. Pour obtenir la valeur des marchandises importées ou exportées , il eût fallu additionner séparément chacun des 800 articles (1) dont se composent les états de la douane , et multiplier ensuite chacune des quantités résultantes par la valeur de l'unité. C'était un travail de plusieurs années (2) ; je n'avais pu l'entreprendre et j'avais mieux aimé ne rien dire , que d'avancer des faits inexacts et qui n'eussent eu aucune base certaine.

(1) Pour l'entrée seulement, la même opération devrait être faite pour la sortie.

(2) L'on m'a assuré que M. Jules Julliany, aidé d'un collaborateur zélé et de plusieurs secrétaires ou copistes , avait mis plus de quinze mois pour faire tous les calculs contenus dans son essai sur le commerce de Marseille, comprenant le mouvement commercial de 1826 à 1830.

Ce n'est pas sans surprise que j'ai vu dans les journaux du 11 mars, une réponse à mon rapport dans laquelle mes chiffres sont déclarés inexacts ou peu concluans et ceux du syndicat, seuls dignes de confiance.

Son auteur s'étonnant de mon silence (dont je viens d'expliquer la cause) sur le mouvement des marchandises, en conclut l'évidence de la décadence de notre commerce et l'impossibilité dans laquelle je serais de donner des preuves contraires.

Le gant était jeté : il fallait le ramasser ou passer condamnation. Malgré la supériorité de talent bien reconnue de mon adversaire, je n'ai pu hésiter. J'ai ramassé le gant et j'entre en lice. Je me rends sur le terrain où j'ai été appelé, et je vais aborder la question des marchandises : heureux, cette fois, d'avoir, dans les termes mêmes du défi, des armes que je tournerai bientôt victorieusement contre celui qui voulait s'en servir contre moi. Les voici :

« Mais pourquoi tant se tourmenter pour chercher le chiffre réel
« qui doit prouver si la prospérité de Marseille est ou non en pro-
« grès ? Il en est un qui ne peut donner matière à controverse ,
« c'est celui des marchandises entrées ou sorties : les marchandises
« fesant l'objet direct et exclusif du commerce, leurs entrées et
« sorties plus ou moins abondantes , doivent donner la mesure
« exacte de l'accroissement ou de la décadence de notre commerce. »

Le mouvement des marchandises est, en effet, le meilleur thermomètre du commerce. Nous allons le consulter , mais comme il m'est impossible, ainsi que je viens de le dire, d'en donner le tableau complet, nous en examinerons seulement les principales branches ; nous comparerons les chiffres des importations et des exportations, des années 1832 , 33 , 34 et 35 avec ceux de l'année 1836 , et les résultats de cette comparaison nous démontreront si la décroissance du commerce de notre place est aussi palpable que semblent l'indiquer le mémoire du syndicat des courtiers et la réponse de M. Clapier. (1)

Je dois faire observer auparavant que je n'ai jamais été le cham-

(1) Je n'eusse pas répondu à un anonyme. En nommant M. Clapier , pour qui je professe la plus haute estime, je ne crois pas le contrarier, car le nom de l'auteur de la réponse à mon rapport n'est un secret pour personne. La réputation d'avocat distingué dont il jouit, à juste titre , la supériorité de son talent, l'étendue de ses connaissances sont trop bien établies et reconnues pour que les preuves que je donne de l'inexactitude

pion d'aucune opinion et que je ne le serai jamais que de ma conviction. J'ai proclamé que Marseille était prospère parce que tous les faits que je consultais me le démontraient, et je persiste dans cette croyance jusqu'à preuves contraires. Mais si, demain, les sources de cette prospérité venaient à tarir, je le dirais de même, et je m'efforcerais d'en rechercher les causes, afin d'y remédier. Etranger au commerce et aux spéculations, je n'ai aucun intérêt à déguiser la vérité, et en eussé-je, je ne le ferais pas ; je garderais le silence.

M. Clapier ne trouve dans l'augmentation des recettes de l'enregistrement qu'une preuve que beaucoup de personnes ont emprunté de l'argent ou vendu leurs propriétés, ce qui se manifeste, dit-il, à toutes les époques de transition, à celles d'accroissement comme à celles de décadence. Il attribue en grande partie l'augmentation de la perception de l'octroi et de la consommation des vins, à l'augmentation notable de la garnison de Marseille depuis 1832. (1) Selon lui, l'accroissement des impôts perçus est en général un mauvais signe de prospérité. Les variations dans les tarifs de la douane placent les résultats de l'augmentation des recettes hors de toutes appréciations raisonnables. (2) Enfin il explique par la diminution des

des chiffres qui lui ont été, sans doute, fournis, puissent leur porter la moindre atteinte.

(1) En 1832 la garnison de Marseille se composait de 4 bataillons du 13me. de ligne, de 3 bataillons du 24me. et de 2 escadrons de gendarmerie. Sa force était d'environ 5000 hommes. En outre, 17,000 hommes environ firent quarantaine au Lazaret pendant le courant de l'année.

En 1836 les 12me. et 18me. de ligne ont seuls composé la garnison de notre ville. Réduits à trois bataillons, leur effectif a été d'environ 3,000 hommes. Très peu de militaires ont fait quarantaine au Lazaret ; il y a donc eu, au lieu d'augmentation, une diminution de plus de 2000 hommes, et cependant la consommation du vin, en 1836, a surpassé de 28,000 hectolitres celle de 1832.

(2) Depuis 1832 les droits de douane ont éprouvé de sensibles diminutions ; en voici quelques exemples :

	Tarifs ou droits perçus	
	En 1832	En 1836
Sucres bruts de l'Inde, les 100 kilog.....	85 F.	80 F.
» blancs ou terrés,.................	100	90
Cacaos des Colonies Françaises..........	60	40

L'huile d'olive comestible, qui payait 35 fr. 40 fr. par 100 kil., selon

bénéfices les contructions nombreuses qui s'élèvent de toutes parts et le luxe qui se répand dans toutes les classes de la société. *Il est de riches capitalistes*, dit-il, *qui, avec un revenu de 100 mille francs* (1)

qu'elle arrivait par navires français ou étrangers , ne paye plus que 25 ou 30 francs.

Tous les produits naturels venant des pays des Indes , situés au-delà de la Sonde , ont subi une réduction d'un 5me. sur les droits.

En conséquence, l'augmentation des recettes de la douane devient très-concluante pour l'augmentation dans le mouvement des marchandises.

(1) L'on compte , dit-on, à Marseille une vingtaine de millionaires : ils sont presque tous négocians , et à part le commerce, notre ville et le département ne renferment pas de grandes fortunes. Je ne crois pas qu'il y ait un seul capitaliste dont les propriétés rapportent 100,000 francs de revenus. Voici sur quoi je base mon opinion :

D'après la liste générale du jury pour 1826 (liste que toute personne peut consulter) , il n'y a dans le département des Bouches-du-Rhône que 341 personnes payant au-dessus de 1000 fr. de contributions ; sur ce nombre , 168 habitent Marseille , 33 Aix , 21 Arles , 9 Tarascon , 4 St.-Remy , 2 la Ciotat , et les quatre autres , Roquevaire , Berre , les Martigues et Barbentane.

Six personnes seulement , sur ces 341 , payent au-delà de 5000 francs de contribution. De ces six, quatre résident à Marseille et deux à Aix.

Enfin le plus fort contribuable du département paye 7322 fr. 97 cent. Il est à Aix.

Sur 4609 électeurs censitaires dont se compose la liste générale des électeurs communaux de Marseille pour l'année 1837 , on en compte :

1493	payant moins de	100 fr. de contributions.
1644	de 100 à	250 fr.
903	de 250 à	500 fr.
367	de 500 à	1000 fr.
144	de 1000 à	2000 fr.
16	de 2 à	3000 fr.
1	au-dussus de	4000 fr.
1		5000 fr.
2609		

Enfin les cinq plus forts rentiers sur l'état , de l'inscription des Bouches-du-Rhône , jouissent de 6400 fr., 6700 fr.. 10,300 fr., 11,000 fr. et 25,000 fr. de rente.

Ces rentes et les cotes des contributions n'indiquent pas de grandes fortunes.

*n'en dépensent que 20 mille. Leur fortune s'accroît chaque année de
80 mille francs ; que ces capitalistes perdent 20 mille francs par an ,
l'augmentation de leur fortune sera toujours de 60 mille francs ; malgré la perte éprouvée , leur capital ne sera pas moins en progrès , ils
pourront toujours bâtir , acheter , soutenir et accroître leur luxe.*

Une plume plus exercée que la mienne a déjà répondu à ces rai-
sonnemens. Je n'ajouterai rien : seulement je ferai cette réflexion
sur le dernier : si la continuation des mêmes causes amenait la continuation des mêmes effets , pour que Marseille devint bientôt la
plus grande et la plus belle ville du monde , l'on devrait désirer la
continuation de la décroissance de son commerce.

Maintenant abordons la question des marchandises.

Le mémoire du syndicat donne la valeur des importations et des
exportations , ainsi qu'il suit :

Année.	Importations.	Exportations.
1832	143,481,000 fr. (1)	136,285,000 fr. (1)
1833	131,064,000	122,324,000
1834	128,901,000	119,802,000
1835	125,014,000	121,966,000

Cependant je dois reconnaître que ces preuves ne sont pas rigoureuses :

1° Les contributions des filles et des veuves ne sont mentionnées ni dans
la liste générale du jury , ni dans celle des électeurs censitaires , et il
serait possible (ce que je ne crois pas) , que les contributions de plusieurs d'entr'elles dépassassent celles des jurés et des électeurs censitaires
les plus imposés ;

2° Il est des personnes qui négligent de faire porter sur ce tableau ,
toutes leurs contributions , surtout , lorsqu'elles possèdent des propriétés
dans d'autres départemens ;

3° Il peut y avoir des rentiers sur l'état qui touchent leurs rentes à
Paris ou ailleurs , résidant à Marseille ;

4° Enfin il est bien des personnes qui sans payer de contributions , sans
posséder de grandes terres , sans avoir de rentes sur l'état , jouissent cependant d'une grande fortune , soit en portefeuille , soit en action dans
des entreprises particulières ou industrielles , telles que les banques , les
mines , les canaux , les fabriques , etc., etc.

Toutefois je persiste à croire que , les négocians exceptés , on ne
pourrait citer (avec preuves à l'appui), dix personnes jouissant à Marseille
de 100,000 fr. de revenus.

(1) Je néglige les centaines.

Ces chiffres, bien qu'officiels, sont cependant inexacts et je le prouve :

M. Clapier donne pour la valeur des importations à Marseille, celle des marchandises entrées dans les entrepôts de la douane par importation directe et par transit. Il porte, comme exportations, les marchandises retirées des entrepôts, pour la consommation, et celles pour la réexportation par mer ou par transit. Pour ces objets là ses chiffres sont rigoureusement vrais (1). Ils donneraient exactement le mouvement des marchandises si toutes celles' qui arrivent à Marseille ou qui en partent, devaient passer par les entrepôts ; mais cela n'est pas, car l'entrepôt n'est pas obligatoire, les marchandises dont on acquitte les droits immédiatement, celles qui sont transbordées n'y figurent pas.

Il y a une erreur encore plus grande dans le chiffre des exportations, car les marchandises retirées des entrepôts pour être mises en consommation ne sont pas exportées et cependant elles figurent comme telles dans les chiffres du syndicat, et les riches produits de notre sol ou de notre industrie, les sucres raffinés, les savons, les huiles fines, les fruits confits, les vins, les eaux-de-vie, les garances, etc., ete., etc. sont exportés sans figurer dans les entrepôts.

Puisque M. Clapier ne considère que les mouvemens des entrepôts, comment se fait-il qu'il ait négligé les valeurs des marchandises entrées ou sorties par mutations d'entrepôt ? Elles ne sont cependant pas étrangères au commerce, et leur valeur d'après les tableaux officiels (2) a été :

ANNÉES.	IMPORTATIONS (3)	EXPORTATIONS (3)
1832	6,362.000 F.	10 544,000 F.
1833	4,558,000	10,229,000
1834	7,654,000	9,334,000
1835	5,816,000	9,989,000

Si nous réunissons ces valeurs à celles données par le syndicat, nous aurons pour les mouvemens des entrepôts de Marseille et non pour ceux des marchandises de notre place les valeurs suivantes :

(1) Tableau général du commerce de la France, publié par l'administration des douanes. Page 3o1. Résumé des entrepôts.

(2) Voyez tableau du commerce de la France, page 301, colonnes 5 et 10.

(3) Les centaines ont été négligées.

Mouvemens des Entrepôts de Marseille (1).

VALEURS.

Années.	Entrées.	Retirées.
1832	149.843,000	146,830,000
1833	135,623,000	132,555 000
1834	136,556,000	129,137,000
1835	130,830,000	131 954,000

Ces chiffres prouvent seulement que la valeur des marchandises entrées dans les entrepôts en 1832 , a surpassé de 19 millions celles qui ont été entreposées en 1835, et qu'il en a été retiré 15 millions de moins en 1835 qu'en 1832; et si les prix de ces marchandises avaient baissé d'un cinquième depuis 1832, ce qui est arrivé pour beaucoup d'articles dont la production ou l'importation ont excédé les besoins ou la consommation , alors le mouvement des entrepôts de Marseille qui n'a été en 1835 que de 263 millions , en nombres ronds , égalerait un mouvement de 316 millions , si l'on augmentait de 20 pour o[o le prix des marchandises pour rétablir les mêmes prix qu'en 1882 et par conséquent les chiffres viendraient encore à

(1) Je dois rectifier également des erreurs qui se trouvent dans les chiffres donnés par M. B. E. dans le Sémaphore d'hier , et soutenir que les miens seuls sont exacts. M. B. E. porte la valeur des importations en 1832 à 143,481,000 fr. , au lieu de 149,843 , qui est la valeur réelle des marchandises entrées à l'entrepôt de Marseille , la différence provient de 6,361,956 fr. de valeurs entrées par mutations d'entrepôt , et qu'il a omises. Il diminue aussi de 10,543,000 fr. , valeur des marchandises retirées par mutations d'entrepôt , la valeur totale des sorties qui au lieu de n'être que de 136,829,000 fr. a été réellement de 146,830,000 fr.

Pour les importations des autres années il a pris les chiffres portés dans la sixième colonne du tableau des entrepôts, et il a oublié d'en déduire, ainsi qu'il l'avait fait pour l'année 1832 , la valeur des marchandises restant en entrepôt au 31 décembre de l'année précédente.

Ces valeurs figurent dans le Tableau des Douanes (p. 301.)
Pour............ 35,634,680   dans l'état de 1833.
Pour............ 38,577,333   dans l'état de 1834.
Pour............ 46,352,677 f. dans celui de 1835.
Il faut donc retrancher ces sommes des chiffres des importations données par M. B. E., pour connaître les chiffres exacts.

l'appui d'une augmentation d'activité dans nos transactions commerciales; il marquerait une grande diminution d'activité si les prix de 1835 étaient plus élevés que ceux de 1832. Mais je le répète, on ne peut tirer aucune induction juste des mouvemens des entrepôts puisqu'il ne sont pas obligatoires pour toutes les marchandises, aussi abandonné-je cette question. Passons aux marchandises.

IMPORTATIONS.

Comme il m'aurait été impossible, ainsi que je l'ai dit plus haut, de faire un tableau complet des importations et des exportations de notre place, je me suis borné aux marchandises qui alimentent les principales branches de notre commerce, et je vais en donner le tableau en l'accompagnant du relevé total des mouvemens de ces mêmes marchandises dans la France entière, le commerce particulier de Marseille, y compris.

En conséquence. les marchandises dont je vais m'occuper, sont les suivantes :

Importations : les Peaux brutes, Laines en masse, Suifs, Denrées coloniales, Cotons, Huiles, Soufres, Houilles, Fers et Plombs.

Exportations : Fruits secs et confits. Amandes, Huiles, Garances, Sucres raffinés, Savons et Vins.

Importations des Peaux brutes.

Années.	A Marseille.	Dans la France.
1832	25,056 qx. m. (1)	188,231 qx. m.
1833	28,594	82,691
1834	38,615	92,693
1835	35,339	86,056
Totaux..	127,604	449,671
Moyennes	31,901	112,418
1836	26,884	

L'importation la plus forte des peaux brutes, dans cette période de quatre ans, a été en 1834 à Marseille, et en 1832 dans la France; la moindre en 1832 dans notre ville, et l'année suivante dans le reste du royaume. Les importations en 1836 surpassent de 1828 qx. m. celles de 1832.

(1) Quintaux métriques ou de 100 kilogrammes.

Marseille reçoit à elle seule un peu plus du quart de la totalité des peaux importées dans le royaume, ou mieux, les 28/100.

Laines en masse.

L'importation des laines a éprouvé de grandes variations pendant ces cinq dernières années, comme on le voit par le tableau ci-dessous.

	QUANTITÉS IMPORTÉES.	
Années.	Marseille.	France.
1832	27,379 qx. m.	68,374 qx. m.
1833	49.458	109.258
1834	60,041	117,154
1835	54.532	158,594
Totaux.......	191.410	453,380
Moyennes.....	47,852	113,345
1836	38,730	

Les importations des années 1834 et 1835 sont presque deux fois plus considérables que celles des années 1832 et 1836. Cependant les quantités importées en 1836 surpassent de 11,351 qx. m. celles de l'année 1832.

C'est en 1835 que l'importation des laines en France a été la plus considérable.

L'importation moyenne des laines à Marseille a été à celle de la France : : 40 : 100.

Suifs.

L'importation des suifs à Marseille a beaucoup augmenté depuis cinq ans, comme le prouve le tableau ci-dessous , comparé avec l'importation totale dans la France.

	IMPORTATIONS.	
Années.	A Marseille.	En France.
1832	9,144 qx. m.	27,531 qx. m.
1833	8,829	39 929
1834	13,454	30,317
1835	12,378	29,719
Totaux....	43 805	127,496
Moyennes pour les 4 ans.	10,951	31,874
1836	12 496	

L'importation la plus forte a été en France en 1833, et à Marseille, en 1834 ; les plus faibles sont celles de 1832 et de 1834.

La moyenne des 4 années (de 1832 à 1836), est de 10,951 qx. m., l'importation de 1836 lui est supérieure de 1,545 qx. m.

Pour cet article, Marseille est à la France, dans le rapport de 34 à 100.

DENRÉES COLONIÁLES.

Sucres.

De 1820 à 1824, c'est-à-dire avant l'établissement de la prime sur l'exportation des sucres raffinés, les arrivages en sucre de toutes qualités à Marseille, n'étaient que de 40,000 quintaux métriques. (1) Ces quantités se sont sextuplées et au-delà. L'on peut s'en convaincre par le tableau suivant :

Importations des Sucres de 1832 à 1835.

| | A MARSEILLE. | | DANS LA FRANCE. | |
| | Sucres | | Sucres | |
Années	Français.	Étrangers.	Français.	Étrangers.
1832.........	225,237 qx. m.	20,558	773,078 qx. m.	34,410
1833........	175 862	37,829	755,972	61,078
1834........	155,276	82,429	830,491	120,804
1835.........	178,202	70,581	842,499	104,243
Totaux.....	734,577	211,397	3,202,040	320,635
Moyenne...	183,644	52,849	800,510	80,159
1836.......	262,012	72,001		

En 1835 il est arrivé 47,035 qx. mét. de sucres français de moins qu'en 1832, mais les quantités de sucres étrangers importées ont surpassé de 50,023 qx. mét. celles des mêmes sucres importées en 1832, d'où il résulte qu'en 1835 il est arrivé 2,988 qx. mét. de sucres français ou étrangers de plus qu'en 1832.

Les arrivages en 1836 sont hors de proportion avec ceux des quatre années précédentes. Ils dépassent de 88,218 qx. mét. ceux de l'année 1832 (36,775 qx. mét. de sucres français et 51,443 qx. mét. de sucres étrangers) et de 85,230 ceux de l'année 1835.

Les sucres Havane, Trinité et Santiago, etc., sont ceux dont les

(1) Statistique des Bouches-du-Rhône, tome IV, page 663.

importations ont le plus augmenté. En 1833 il n'était arrivé que 13,503 caisses de ces sucres.

Leur nombre s'est élevé en 1834 à............. 21,655 caisses.
En 1835 à......................... 16,212
En 1836 à......................... 31,114

L'importation des sucres à Marseille pendant ces quatre années, comparée à l'importation totale en France est dans les rapports suivans :

Sucres français................... 23 centièmes.
»   étrangers................... 66   »

Ainsi, Marseille a reçu un peu moins du quart des sucres français et les deux tiers environ des sucres étrangers qui sont arrivés en France. S'il y a décadence dans notre commerce, elle n'existe certainement pas dans cette branche-là.

Cafés.

IMPORTATIONS.

Années.	A Marseille.	Dans la France.
1832	63,355 qx. m.	193,106
1833	58,265	191,324
1834	69,107	200,117
1835	64,007	157,910
Totaux...	254,734	742,457
Moyennnes	63,683	185,616
1836	70,623	

Cacaos. — Poivres.

IMPORTATIONS. — IMPORTATIONS.

Années.	A Marseille.	Dans la France.	A Marseille.	Dans la France.
1832	1,206 q. m.	10,054	8,883	26,814
1833	5,210	22,156	9,504	42,637
1834	2,974	19,336	10,866	28,977
1835	2,072	14,431	4.430	11,283
Totaux	11,462	65.977	33,687	109,711
Moyenn.	2,865	16,494	8,422	27,428
1836	6,472		13,753	

L'on voit par ces tableaux que dans la période de quatre ans qui nous occupe, les importations de café à Marseille ont été à celle du royaume...... : : 34 : 100

    Celle des cacaos. .... : : 17 : 100

    Celle des poivres. .... : : 31 : 100

    Les importations de 1832 étaient à celles de la France, savoir :

        Celle des cafés....... : : 33 : 100

        Celle des cacaos...... : : 11 : 100

        Celle des poivres..... : : 33 : 100

Il y a donc eu augmentation et dans les quantités importées et dans les rapports entre ces quantités et celles importées dans toute la France, les poivres exceptés, car le rapport a été de 2/100 plus fort en 1832.

Les importations de 1836 comparées aux moyennes les surpassent, savoir :

    Celle des cafés de   6,940 quintaux métriques.

    Celle des cacaos de 3,607   »   »

    Celle des poivres de 5,331   »   »

Ces branches de commerce sont donc loin d'être languissantes.

Huiles d'Olive.

Les huiles d'olives comestible et de fabrique forment l'une des principales branches du commerce de Marseille, car de tous temps les fabriques de savon de notre ville ont été rénommées.

D'après les régistres des douanes il a été importé à Marseille et en France depuis 1832,

SAVOIR :

| | IMPORTATIONS A MARSEILLE | | IMPORTATIONS DANS LA FRANCE. (1) | |
| | huile d'olive. | | huile d'olive. | |
années	comestible	pour fabrique	comestible	pour fabrique.
1832	16,369 qx. m.	306,885 q. m.	41,602 q. m.	328,467
1833	30,338	380,112	101,613	405,438
1834	24,198	308,528	75,486	323,315
1835	16,324	229,133	40,124	240,573
Totaux	87,229	1,224,658	258,825	1,397,793
Moyen.	21,807	306,164	64,706	349,448
		327,971		414,154
1836		238,337		

D'après ce tableau il semblerait que les quantités d'huiles arrivées

(1) Voyez tableau général du commerce, page 34.

— 14 —

à Marseille ont beaucoup diminué depuis 1833 , puisque les registres de la douane indiquent 410,449 qx. mét. d'huiles d'olive importées en 1833 et 238,337 qx. m. seulement en 1836.

Cependant des savonniers m'ont assuré que leurs fabriques avaient eu une très-grande activité en 1836. Ils attribuent la diminution d'importation des huiles d'olive sur les registres de la douane , 1º à la grande production d'huiles en Provence et en Corse., lesquelles huiles étant apportées à Marseille par le cabotage ne figurent pas dans les registres de douanes aux importations du commerce général ; 2º à la plus grande quantité d'huiles de graines introduites dans la fabrication des savons et qui , également apportées par le cabotage , ne sont pas mentionnées sur les relevés de la douane.

3º Enfin , depuis quelques années , à l'importation d'une très-grande quantité de graines oléagineuses qui sont converties en huile à Marseille et qui ne figurent sur les registres de la douane qu'à l'article des graines.

D'après les relevés du commerce il serait arrivé à Marseille , savoir :

| | ANNÉES. | | | |
| | 1835. | | 1836. | |
Provenances.	miller. (1)	qx. m.	millér.	qx. m.
De Tunis et Alger......	75,950	44,051	40,650	23,577
D'Espagne..........	1,750	1,015	59,600	34,568
De la Rivière de Gênes.	22.200	12,876	50,400	29,232
De Naples..........	136,400	79,112	277,500	160,950
Du Levant..........	86,350	50,083	8,050	4,469
De la Provence...... } De la Corse........ }	7,650	4,437	110,730 / 60,850	64 223 / 35 293
Totaux..........	350,300	191,574	607,780	352,313

Les importations des huiles de graines ne figurent pas dans ces quantités. Elles sont très considérables.

D'après les relevés de l'octroi , il a été introduit à Marseille, pour la consommation ou la fabrique , les quantités d'huiles suivantes. Les droits d'octroi étant les mêmes pour toute espèce d'huile, celles de graines se trouvent confondues avec celles d'olives.

(1) La millerole. = 64 litres ou 58 kil.

IMPORTATIONS.

Années.	Hectolitres.	quintaux métr.
1832	337,029	306,696
1833	311,826	283,762
1834	308,704	280,921
1835	241,207	219,498
	1,198,766	1,090,877
Moyennes	299,691	272,719
1836.	321,944	292,969

La différence qui existe entre les relevés du commerce et ceux de l'octroi peut provenir 1° de l'exportation d'une partie des huiles fines, et en effet, il en a été exporté 29,929 quintaux métr. en 1836 ; 2° de la réexportation par le cabotage d'une partie des huiles arrivées, et enfin de l'inexactitude des chiffres du commerce ou bien d'autres causes que je n'ai pu reconnaître. Cependant il paraît démontré par les relevés de l'octroi que les importations d'huiles en 1836 ont dépassé de 22,253 hectolitres ou de 20,250 quintaux métr. les importations moyennes de 1832 à 1836. Elles ont été inférieures seulement de 15,085 hectolitres ou 13,727 quintaux métr. aux exportations de 1832.

L'importation moyenne des huiles d'olive à Marseille a été à celle de la France : : 79 : 100.

On peut donc affirmer qu'il n'y a pas eu de diminution dans l'activité de cette branche de notre commerce.

Cotons.

Le Coton fut toujours l'un des principaux articles du commerce de Marseille. (1)

(1) Essais sur le commerce de Marseille. Pag. 45.

Le tableau suivant présente les quantités qui ont été importées à Marseille et en France de 1826 à 1835.

ANNÉES.	A MARSEILLE.	EN FRANCE.
1826	79,594 qx. m.	421,994 qx. m.
1827	89.182	364,851
1828	70.294	544,385
1829	60.511	637,304
1830	76,705	722,003
1831	67,665	276,436
1832	80,353	389,448
1833	83,525	443,558
1834	64,195	389,448
1835	97,731	483,123
Totaux....	769 755	4,672,550
Moyenne...	76,975	467,255

Les importations de coton à Marseille et dans la France, ont été pendant ces dix années : : 164 : 1000.

En 1836, il est arrivé à Marseille 131,764 qx. m. de cotons. Cette quantité énorme est presque le double de l'importation moyenne pendant la série d'années, elle surpasse de 51,786 qx. mét. les importations de 1832, et de 34,033 qx. mét. celles de 1835. Il n'y avait pas encore eu d'exemple d'une augmentation pareille.

Voici d'après les relevés des manifestes des navires, la division, par qualités, des balles de coton importées à Marseille depuis cinq ans :

Cotons.

Années.	Jumel.	Amérique.	Smyrne et Levant.	Brésil et Indes.	Totaux.
1832	25,800 b.	21,800 b.	10,760 b.	1,160 b.	59,520
1833	35,800	21,040	12,850	5,090	74,780
1834	16,720	16,040	11,460	4,760	48,980
1835	33,280	29,090	19,070	8,480	89,920
1836	42,700	29,840	26,740	5,200	104,480
	154,300	118,810	80,880	24,690	377,760
Moyennes	31,860	23,762	16,176	4,938	75,536

Marseille reçoit donc environ la sixième partie de tous les cotons qui arrivent en France.

Sur ces importations , les cotons Jumel figurent

pour............... 41 /100.
Ceux d'Amérique pour......... 31
Ceux de Smyrne ou du Levant... 21
Enfin ceux du Brésil et des Indes. 7
                          —————
Total... 100

SOUFRES , HOUILLES.
Importations.

	DES SOUFRES BRUTS.		DES HOUILLES.	
Années.	A Marseille.	En France. (1)	A Marseille.	En France. (1)
1832	124,979 q. m.	146,504 q. m.	1,482 q. m.	5,786,376 q. m.
1833	121,921	144,691	1,953	6,995,247
1834	175,274	221,959	18,065	7,512,645
1835	185,334	219,385	26,514	7,909,217
Totaux	607,508	732,539	48,014	28,203,285
moyen.	151,877	183,135	12,003	7,050,821
1836	254,501	»	89,675	»

La presque totalité des soufres importés en France arrive à Marseille. Il n'en est pas de même des houilles. Leur importation a commencé, seulement en 1834, à devenir une branche de commerce. L'augmentation constante du nombre des bateaux à vapeur dans notre port, fera augmenter l'importation des houilles. Déjà , en 1836 , elle a été 60 fois plus considérable qu'en 1832 et presque le quadruple de celle de 1835. Cette branche naissante de commerce n'est placée ici que comme un jalon destiné à servir de base de comparaison pour l'avenir.

L'importation des soufres à Marseille a été à celle de la France : : 83 : 100.

Celle des houilles : la moyenne des quatre ans : : 18 : 10,000.

L'importation de 1835 : : 34 : 10,000.

Fers et Plombs.

Bien que le commerce des fers ne soit que secondaire à Marseille, cependant il s'accroit chaque jour tandis que celui des plombs est

(1) Tableau général du Commerce , pag. 60.

3

a peu près stationnaire. Les troubles et la guerre civile qui désolent l'Espagne contribuent à empêcher les importations d'alquifoux de devenir plus considérables.

Importations.

	DES FERS ÉTIRÉS EN BARRES.			DES PLOMBS BRUTS ET ALQUIFOUX.		
Années	à Marseille	en France		à Marseille	en France	
1832	13,561 q. m.	96.957 q. m.		71.136 q. m.	154,129	
1833	20.665 —	77,481 —		65,000 —	176.004	
1834	28,127 —	114.000 —		53 360 —	184,111	
1835	28,644 —	125.000 —		65,477 —	185,578	
Totaux	90,997 —	412 538 —		254,973 —	699 822	
Moyen.	22,749 —	103.134 —		63 743 —	174,955	
1836	29,407 —			64,032 —		

L'importation des fers a plus que doublé depuis 1832. Celle des plombs a diminué d'environ un 10me. Ces branches du commerce de Marseille ont été au commerce général de la France, les fers : : 22 : 100, les plombs : : 37 : 100. L'importation des plombs en 1836 a dépassé de 289 qx. met. la moyenne des quatre années.

EXPORTATIONS.

	FRUITS SECS.		FRUITS CONFITS.	
Années.	De Marseille.	De la France.	De Marseille.	De la France.
1832	1,269 q. m.	15,769	2,091 q. m.	4,120
1833	7 877	48,363	2,915	5,197
1834	6,833	29,488	2,740	5,522
1835	1,595	38,512	4,234	8,104
Totaux	17,574	132,132	11 980	22,943
Moyen.	4,393	33,033	2.995	5,736
1836	2,520		5,291	

Amandes.

Années.	De Marseille.	De la France.
1832	15,796 qx. mét.	18,300
1833	11,544	16.189
1834	11,991	12,150
1835	13,988	20,042
Totaux...... ...	53,319	66,681
Moyennes........	13,330	16,670
1836........	15.517	

Ainsi pour ces trois articles, l'exportation de Marseille a été à celle de la France :

Pour les fruits secs : : 13 : 100.
fruis confits : : 52 : 100.
amandes... : : 80 : 100.

L'exportation des fruits secs et confits, en 1836, a été deux fois plus considérable qu'en 1832. Celle des amandes a éprouvé une diminution de 279 quintaux métr. Elle surpasse cependant de 2182 quintaux métr. la moyenne des quatre années.

Huile d'Olive.

QUANTITÉS D'HUILE D'OLIVES EXPORTÉES.

Années.	De Marseille.	De la France. (1)
1832	23,119 qx. m.	28,638
1833	26,065	34,741
1834	19,677	24 623
1835	23,864	25,564
Totaux.....	92,725	113,566
Moyennes...	23.181	28,391
1836	29,929	

Les exportations d'huile de Marseille comparées à celles de la France sont : : 81 : 100.

Ainsi Marseille fournit plus des 8/10 de l'exportation totale des huiles d'olive. L'exportation de 1836 a été plus considérable que toutes celles qui l'avaient précédée. Elle dépasse de plus d'un quart la moyenne de 1832 à 1836.

Savons.

EXPORTATIONS

Années.	De Marseille.	De la France. (2)
1832	2,486,148 kil.	2,685,016
1833	2 889,457	2,976,019
1834	2 532,832	2.660,371
1835	1,442,579	2,403,493
Totaux..	9,351,016	10,724,899
Moyennes .	2,337,754	2,681,225
1836	1,589,813	

(1) Voyez le tableau général du commerce. Pag. 143.
(2) Voyez le tableau du commerce général. Page 199

Les quantités de savons exportées de Marseille pendant les années 1832 , 33 et 34 , sont tirées de l'Essai sur le commerce de Marseille , celles des années 1835 et 1836, m'ont été fournies à la douane comme exportées avec primes.

L'administration des douanes ne tenant note que des faits qui intéressent le commerce général , la diminution , dans la quantité des exportations de Marseille , ne peut être un indice certain d'une décroissance dans la fabrication des savons , attendu que tout ce qui a été exporté de notre ville , soit par terre , soit par le cabotage , n'y figure pas. On ne peut donc parler des savons , comme de l'importation des huiles, que d'une manière très hypothétique. La seule induction fondée qu'on puisse tirer du tableau de comparaison des exportations de Marseille et de la France, c'est que nos savonneries fournissent les 87/100 des savons exportés. Les savons consommés sont de beaucoup supérieurs aux exportations, attendu qu'à l'étranger nos savons luttent désavantageusement avec les savons anglais et américains. C'est pourquoi nous devons désirer que les commencemens de fabrication, en grand, du savon d'huile de Palme (1), que j'ai constatés l'année dernière , continuent et soient couronnés de succès. Cette branche de notre industrie prendra un nouvel essor et nos savons s'exporteront comme jadis dans toutes les parties du monde.

Garances.

La précieuse racine naturalisée en France par le persan Alten est une des principales richesses du Comtat. C'est l'une des branches les plus actives de nos exportations. Toutefois les garances ne font presque que passer dans notre ville.

Depuis 1832 il en a été exporté savoir :

Années	De Marseille.		De la France.	
	EN RACINE	MOULUE.	EN RACINE	MOULUE.
1832	16,649 q. m.	16,631 q. m.	16,799 q. m.	76 144 q. m.
1833	17,815	31,278	17,882	78,176
1834	23,118	42 224	23,333	87,610
1835	15,771	59,249	15,806	100,059
Totaux	73,353	149,382	73 820	341,989
Moyen.	18,338	37,345	18 455	85,497
1836	27,108	73,132		

(1) M. Jourdan , à qui la société de Statistique a décerné le 18 décem-

L'exportation de la garance en racine n'a éprouvé qu'une légère augmentation depuis 1832, tandis que celle de la garance moulue a plus que triplé en 1835, et plus que quintuplé en 1836.

De 1832 à 1835 (inclus), l'exportation des garances de Marseille a été à celle de la France, savoir :

Garance en racine............ :: 993 : 1,000
«   moulue.............. :: 435 : 1,000 ,

L'Angleterre et les États-Unis tirent toutes leurs garances de Marseille, comme le prouvent les chiffres suivans :

EXPORTATIONS DES GARANCES POUR L'ANGLETERRE.

Années.	De Marseille.		De la France.	
	En racine.	Moulue.	En racine.	Moulue.
1832	16,539 qx. m.	20,515	16,539	20,517
1833	17,636	15,287	17,630	15,954
1834	23,079	29,331	23 079	20,378
1835	15,767	24,017	15,766	24,018
Totaux....	73,021	80,150	73,014	80,867
Moyennes..	18,255	20,037	18,253	20,217
1836	27,079	36,095	«	«

EXPORTATION DES GARANCES AUX ÉTATS-UNIS.

Années.	De Marseille.	De la France.
1832	1,829 qx. m.	1,829 qx. m.
1833	2,448	2,540
1834	4,310	4,337
1835	8,275	8,393
Totaux.	16,862	17,099
Moyen.	4,215	4,277
1836	9,694	

Les Garances moulues sont les seules exportées aux États-Unis.

bre une médaille d'honneur en argent, a exporté 2800 quintaux de savons d'huile de palme. La majeure partie a été vendue avec profit en Amérique malgré la concurrence des savons anglais et américains.

Sucres Raffinés.

EXPORTATIONS.

Années.	De Marseille.	De la France. (1)
1826..........	834,279 k.	3,320,785 k.
1827..........	2,101 532	3,789,498
1828..........	2,455,965	5,241,790
1829..........	3,052 568	5,703,091
1830..........	5,027,076	8,839,456
1831..........	5,383,199	9,968,411
1832..........	9,799,720	16,879,497
1833..........	6,209 402	10,765,855
1834..........	2,561,238	2 731,317
1835..........	2,437,449	4,203,679
Totaux......	39,862,428	71,443,379
Moyennes....	3,986,242	7,144,337
1836.......	5,605 395	»

L'on voit par la moyenne de ces dix années que Marseille exporte les 56/100 des sucres raffinés de la France. L'exportation de 1836, n'est inférieure qu'à celle de 1832 et 1833, elle dépasse de 1,619,153 kil. l'exportation moyenne pendant les dix années.

Vins.

Les vins forment l'une des principales branches du commerce de notre ville. Elle est loin d'être languissante. Dans les tableaux suivans j'ai comparé l'exportation de nos vins avec l'exportation totale des vins ordinaires de la France et avec celle des vins de la Gironde.

Exportations des Vins.

	DE MARSEILLE.	DE LA FRANCE.	
Années.	Ordinaires.	Ordinaires.	De la Gironde.
1832..........	262,799 hect.	782 551	511 568
1833..........	248,932	792,991	541,824
1834..........	274,544	858,119	519 714
1835..........	224,859	822,763	459,668
Totaux.....	1,011,134	3 256,424	2,232,774
Moyenne.....	252,783	814,106	558,193
1836..........	265,200		

(1) Voyez l'Essai sur le Commerce de Marseille, pour les années 1826 à 1834. Pour l'année 1835, le Tableau du Commerce, p. 202.

Marseille, comme on le voit, fournit environ le tiers des exportations des vins ordinaires. Elle lutte, avec avantage, pour l'approvi-
sionnement des Colonies et des Etats-Unis, avec tous les autres ports
de France, et chaque année ce commerce acquiert un plus grand
développement, comme le démontrent les tableaux suivans.

Exportation des Vins aux Colonies.

| Années. | VINS ORDINAIRES. | | VINS DE LA GIRONDE. |
	De Marseille.	De la France. (1)	
1832	82,011 hect.	102.225 hect.	31,069 hect.
1833	64,125	67,884	27,662
1834	80,646	85,831	36,027
1835	83,485	87,623	50,567
Totaux	310,267	343 563	141,325
Moyen.	77,567	83,341	35,331
1836	52,334		

Ainsi, pendant ces quatre années, Marseille a presque entièrement
approvisionné les colonies en vins ordinaires. Les vins de Bordeaux
n'ont figuré dans les exportations, que pour une quantité de moitié
moindre que les premiers. L'exportation de 1836 est inférieure
d'un tiers à la moyenne des quatre années.

Exportation des vins aux Etats-Unis.

| Années. | DE MARSEILLE. | DE LA FRANCE. | |
	Ordinaires.	Ordinaires.	De la Gironde.
1832	37.609 hect.	60.689	26,912
1833	33.789	45,789	26,516
1834	44,725	52,669	26,225
1835	62.777	87,623	50,567
Totaux..	178,900	246,770	130,220
Moyen ..	44,750	61,692	32,555
1836	56,774		

Ainsi nous fournissons aux Etats Unis plus des deux tiers des
vins ordinaires, et les vins de la Gironde exportés dans le même
pays sont à ceux de Marseille dans le rapport de 72 à 100.

(1) Tableau général du commerce. Page 208.

Il est une branche de notre industrie qui prend chaque jour plus d'accroissement. Je veux parler des vins et liqueurs.

Voici le tableau des quantités qui ont été exportées depuis cinq ans :

Années.	De Marseille.	De la France.
1832	14 590	20.879
1833	15,552	23.721
1834	17,545	26,229
1835	20,400	26,550
Totaux.....	68.087	97,379
Moyennes ...	17,022	24 345
1836	21,812	»

Ils s'exportent principalement aux Etats-Unis. Dans les 4 années de 1832 à 1835, sur 58,883 hectolitres de vins de liqueurs exportés dans ce pays, la part du commerce de Marseille a été de 46,028 hect. Ce qui est les 77/100 de l'exportation totale.

L'exportation de 1836 a été de 18,135 hectolitres ; c'est 5,703 hectolitres de plus que la moyenne de ces quatre années, et 9.194 de plus qu'en 1832.

J'eusse bien désiré pouvoir parler encore de plusieurs autres branches de notre commerce, aussi importantes que celles dont je viens de dérouler les résultats depuis cinq ans ; mais le manque de temps ou la difficulté de réunir les élémens nécessaires m'en ont empêché, et comme je l'ai déjà dit plusieurs fois, j'ai préféré garder le silence plutôt que de donner des chiffres approchés ou inexacts. Ce que je puis affirmer, c'est que toutes les comparaisons que j'ai été à même d'établir entre les années 1832 et 1836 ont été, à de très légères exceptions près, à l'avantage de la dernière de ces années.

Maintenant résumons dans un seul tableau les résultats obtenus par la comparaison des quantités importées ou exportées en 1836 avec celles de 1832 et les moyennes des 4 années de 1832 à 1836 inclus.

IMPORTATIONS.

Résultats de la comparaison des quantités importées en 1836 , avec

MARCHANDISES.	CELLES IMPORTÉES EN 1832.		la moyenne des quantités importées pendant les années 1832 , 33, 34 et 35.	
	Augment.	Diminut.	Augment.	Diminut.
Peaux brutes....	1,828 q. m.	—		5,017 q. m.
Laines en masses	11,351	—		9,122
Suifs.........	12,496	—	1,545	—
Sucres { français.	36,775	—	78,368	—
Sucres { étrang ..	51,443	—	19.152	—
Cafés	7,268	—	6,940	—
Cacaos.......	4,266	—	3.607	—
Poivres........	4,870	—	5,331	—
Cotons........	51,411	—	54,789	—
Soufre brut....	129,522	—	102,624	—
Houilles	88,193	—	77,672	—
Fers..........	15 846	—	11,208	—
Plombs........		7,104	289	—

EXPORTATIONS.

Résultats de la comparaison des exportations de 1836

MARCHANDISES.	Avec les exportations de 1832.		Avec la moyenne des exportations pendant les années 1832, 33, 34 et 35.	
	Augment.	Diminut.	Augment.	Diminut.
Fruits secs....	1,251 q. m.	—	—	1,873 q. m.
Fruits confits..	3,200	—	2,296	—
Amandes	—	279	2,192	—
Huile d'olive..	6,810	—	6,568	—
Savons.......	9,963	—	—	7,479
Garance { en rac.	10,458	—	56,501	—
Garance { moulue.	8,770	—	35,787	—
Sucres raffinés.	—	41,943 kil.	16,192 kil.	—
Vins ordinaires.	2,401 hect.	—	12,417 hect.	—
Vins de liqueur.	7,222	—	4,790	—

Ainsi en comparant 1836 avec 1832, l'on voit qu'il y a eu augmentation dans toutes les importations , à l'exception de celle des plombs qui offre une diminution ;

Augmentation dans les exportations de huit sortes de marchandises, et diminution dans celles des amandes et des sucres raffinés.

Si l'on compare l'année 1836 avec la moyenne des quatre années de 1832 à 1835, l'on voit qu'il y a eu augmentation dans l'importation de toutes les marchandises à l'exception des peaux brutes et des laines.

Augmentation dans les exportations à l'exception des fruits secs et des savons.

MOUVEMENS DU PORT.

Les détails que j'ai donnés sur le mouvement des marchandises , depuis cinq ans, prouvent, je pense, d'une manière incontestable, que loin d'être en décroissance palpable , comme l'assure M. Clapier , jamais notre commerce n'avait eu autant d'activité qu'en 1836.

Comme les mouvemens du port forment le chef le plus important de dissentiment entre le mémoire du syndicat des courtiers et mon rapport du 9 février, nous allons nous en occuper , et je vais prouver, une seconde et dernière fois, que mes chiffres seuls étaient exacts et concluans.

S'appuyant sur cette phrase insérée dans l'avertissement placé en tête du tableau général du commerce pour l'année 1834 « *quelques nouveaux développemens ont été ajoutés aux tableaux destinés à présenter les mouvemens de la navigation, en y fesant figurer notamment les navires sur lest dont jusqu'alors il n'avait pas été fait état.*» M. Clapier conclut que mes chiffres sont inexacts , que le syndicat a eu raison et que j'ai eu tort.

Cette sentence paraissait sans réplique. Cependant, j'ai cru devoir en appeler. De nouveaux renseignemens pris à la direction des douanes m'ont prouvé, de rechef , que ce n'était que depuis le mois de septembre 1833 , que les navires chargés et sur lest avaient été portés sur des états séparés , et qu'avant cette époque , ils étaient confondus. (1) Dès lors il n'y a plus lieu à discussion. Je puis donc, à mon tour affirmer, sans crainte, cette fois, d'être contredit, que

______

(1) Voici un extrait de la réponse qui m'a été faite :

Dans le nombre de 7201 navires entrés dans le port de Marseille pendant l'année 1832 , les bâtimens *chargés* et ceux sur *lest* sont confondus

j'ai eu raison et que le syndicat a eu tort. Or , comme il est impossible de connaître quélles étaient les proportions des navires *chargés* et sur *lest* entrés ou sortis pendant les années 1832 et 1833 , il faut, pour ne pas commettre d'erreurs , comparer le nombre et le tonnage de la totalité des navires. D'ailleurs les navires qui arrivent sur *lest* viennent charger à Marseille (1) et ceux qui partent vides vont chercher des cargaisons qu'ils rapportent dans notre ville (2). En conséquence , les uns et les autres témoignent de l'activité du commerce , et l'on né saurait donc les négliger sans être inexact.

Je pose, de nouveau, les chiffres d'entrée et de sortie des navires d'après le mémoire du syndicat, et d'après les relevés officiels publiés par l'administration des douanes.

ENTRÉES.

Années.	NOMBRE DE NAVIRES D'APRÈS		NAVIRES PORTÉS en moins par le syndicat.
	Les relevés officiels.	Le syndicat.	
1832	7,201	7,201	—
1833	6,831	6,831	—
1834	7,262	6,920	342
1835	6,350	5,933	417
Totaux..	27,644	26,885	759
Moyennes	6,911	6,721	—
1836	7,260	—	—

SORTIES.

Années.	Les relevés officiels.	Le syndicat.	NAVIRES PORTÉS en moins par le syndicat.
1832	5,842	5,842	—
1833	5,636	5,636	—
1834	6,822	5.298	1,524
1835	6,047	4.697	1,350
Totaux....	24,347	21,473	2,874
Moyennes.	6.087	5,368	—
1836	7,239	—	—

ensemble. On a toujours agi de la même manière jusqu'à la fin du mois d'août 1833. Ce n'est qu'à partir de cette époque qu'ils ont été séparés.

(1) Beaucoup de navires du Nord après avoir vendu en Italie ou ailleurs leurs marchandises viennent à Marseille prendre ou compléter leurs chargemens.

(2) Les navires qui vont au Levant ou en Espagne chercher des huiles de fabrique, etc.

Ainsi, il y a, dans le mémoire du syndicat, une erreur en moins, pour les années 1834 et 1835 . de 759 navires entrés et de 2.874 navires sortis. Si l'on comparait, d'après ces erremens , les mouvemens du port en 1835 et en 1832 , l'on trouverait en 1835 une diminution de 1 268 navires à l'entrée , et de 1,145 à la sortie. Diminution énorme qui, si elle eût existé, eût prouvé, mieux que toute autre chose , une grande décroissance dans notre navigation et par conséquent dans notre commerce. Heureusement il n'en a pas été ainsi , et la comparaison des mouvemens du port entre ces deux années présente seulement une diminution de 851 dans le nombre des navires entrés , une augmentation de 205 dans celui des bâtimens sortis, et en total une diminution de 646 navires dans le mouvement général du port de Marseille. C'est beaucoup, sans doute ; mais réellement c'est bien peu lorsque l'on considère l'immense différence qui existe entre ces deux années que le syndicat des courtiers a pris pour points extrêmes de ses comparaisons. La chute du ministère Martignac en 1829, la Révolution de Juillet, et les craintes d'une guerre générale en 1830 et 1831 , avaient , pendant ces trois années, paralysé le commerce ; car il a besoin sur toutes choses de la tranquillité et de sécurité pour l'avenir. En 1832 les craintes s'étaient dissipées et nos relations commerciales étaient devenues d'autant plus actives qu'elles avaient été, auparavant, languissantes. Aussi cette année là , peut-elle être considérée comme une année *hors ligne* étant remarquable, non-seulement par l'augmentation des mouvemens de la navigation mais encore par celle des recettes de toutes les contributions et n'en déplaise à **M**. Clapier, l'augmentation des recettes dans les contributions indirectes, lorsque les tarifs ne sont pas changés, fut toujours regardée comme un indice certain, une preuve irrécusable de l'augmentation de la prospérité publique (1). Je n'ai pas besoin , je pense, de rappeler ici combien

(1) C'est une vérité tellement reconnue qu'il est presque puéril de vouloir la prouver. Cependant pour convaincre le petit nombre de ceux qui conserveraient encore des doutes à cet égard, je transcris ici, la première, entre mille, citation que m'offre ma mémoire : c'est la plus récente. L'année dernière le préfet du Nord déroulant aux yeux du conseil-général le tableau de la prospérité du département, s'exprimait ainsi : *Si l'on extrait du tableau comparatif des recettes opérées depuis le premier janvier 1832 , les impôts qui, par leur nature indiquent, d'une manière irréfragable , le progrès de la richesse publique* (Les contributions indirectes.) . ...

l'année 1835 fut désastreuse pour Marseille ? .... Tous ses habitans n'ont pas encore quitté les vêtemens de deuil dont le choléra les couvrit..... Et cependant, c'est par la comparaison des chiffres des mouvemens du port et des entrepôts de l'année la plus prospère et de celle qui fut la plus néfaste, que le syndicat des courtiers veut prouver la diminution irrécusable et la décadence palpable de notre commerce. Cela est-il bien rationnel ?... . M. Clapier, pour répondre d'avance aux objections qui auraient pu être faites à ce sujet a soin, à la vérité, de dire dans une note : « *Le mémoire des courtiers n'a relevé que les chiffres de 1832, 1833, 34 et 35 par le motif que ce n'est que depuis cette époque que l'administration des douanes a publié ses relevés officiels.* Il n'y aurait rien à répliquer si ce fait était exact ; mais malheureusement M. Clapier a été encore induit en erreur ; car l'administration des douanes a commencé en 1818 à publier ses relevés annuels. Plusieurs négocians de notre ville les possèdent, et leur collection complète, depuis 1820, se trouve déposée dans les archives de la Chambre de commerce, où toute personne peut aller les consulter, ce qui arrive assez fréquemment. (1)

Il est donc étonnant que MM. les courtiers et leur avocat, aient ignoré l'existence de ces documens officiels, et n'aient eu connaissance que des relevés de 1832 et suivans, qui sont si favorables pour servir de points d'appui aux champions de la décroissance de notre prospérité et de la décadence du commerce. Quant aux résultats de l'année 1836, s'ils n'étaient pas tous connus au moment où le syndicat adressait son mémoire à la Chambre de commerce (à la fin de décembre 1836), l'on connaissait le mouvement des marchandises (2) pendant les six premiers mois, et les journaux avaient

... et plus loin, après avoir détaillé l'augmentation des recettes :
Ces faits prouvent combien est réelle la prospérité progressive du département. L'amélioration des produits des contributions indirectes, en démontrant l'augmentation des consommations, des affaires commerciales et des transactions ne permet pas le doute.

(Revue commerciale, septembre et octobre 1836, page 345.)

(1) J'ai acquis la certitude qu'ils avaient été compulsés depuis très-peu de temps.

(2) Je ne pense pas que MM. les courtiers ignorent qu'un double des relevés généraux des mouvemens des marchandises est adressé, tous les six mois, par le directeur des douanes de notre ville à la Chambre de commerce, et qu'ils y sont à la disposition de tous ceux qui désirent les consulter.

donné les chiffres officiels des mouvemens du port et de la recette des douanes pendant les 11 mois écoulés. Il était donc facile de comparer ces résultats avec ceux des années précédentes. Je l'avais fait moi-même dans le discours d'ouverture de la séance publique de la Société de Statistique, et c'est ce qui me valut peut-être l'épithète de *maladresse* qui me fut, si bénévolement, donnée dans le mémoire du syndicat.

Les points de départ et de comparaison choisis par le syndicat, étant, comme je l'ai dit, irrationnels, je vais donner les mouvemens de la navigation de la France et de Marseille pendant une série de dix ans, et la comparaison du nombre des navires et de leur tonnage nous prouvera mieux encore que les marchandises, puisque je n'ai pu les examiner toutes, si notre commerce maritime est en voie ascendante ou décroissante.

TABLEAU DÉCENNAL
Des mouvemens de la navigation générale de la France et de Marseille, de 1826 à 1835.

	FRANCE.		MARSEILLE.	
Années.	Navires.	Tonnage.	Navires.	Tonnage.
		Entrées.		
1826.....	85 241	3 163,937	5,955	425,353
1827.....	79,541	3,035,873	6.060	430,619
1828.....	83,200	3,249,916	5,756	436,209
1829.....	83,834	3,272,067	5,064	392,683
1830.....	89,101	3,506,882	5,989	557,165
1831.....	86,349	3,139,886	5,751	472,246
1832.....	89,314	3,588,158	7,201	629,780
1833.....	87,180 (1)	3,553,219	6,831	567,161
1834.....	115,643	4,436,137	7,262	625,458
1835.....	109,108	4,250,160	6 350	539,469
Totaux...	908,511	35,196,335	62,219	5,076,143
Moyenne..	90,851	3,519,633	6 220	507,614
1836.....	»	»	7,260	668,805

(1) Ce qui explique la brusque augmentation des bâtimens et du tonnage de la navigation de la France, c'est que ce n'est qu'à dater de l'année 1834 que l'on voit figurer sur les états de la douane la navigation intérieure des rivières et rades. Cette navigation donne les chiffres suivans :

Sorties.

Années.	Navires.	Tonnage.	Navires.	Tonnage.
1826.....	83,023	2,910,646	5.209	383,636
1827.....	78,717	2,928,918	5 386	412,145
1828.....	81,940	3,074,154	5,287	432,080
1829.....	80,794	2,982 154	4,675	389,417
1830.....	85,558	3,060,957	5,056	430 712
1831.....	83,649	2,895,964	4,887	374,919
1832.....	86,770	3,230,011	5,842	472.662
1833.....	84,682	3,280,874	5,636	453,516
1834.....	112,986	4,425,345	6 822	598,968
1835.....	107,571	4,331,318	6,047	539,153
Totaux...	885,690	33 120,341	54 847	4,487.208
Moyenne..	88,569	3,312,034	5 484	448,720
1836.....	»	»	7,239	675,565

Années.	ENTRÉES. Navires.	Tonnage.	Équipages.	SORTIES. Navires.	Tonnage.	Équipages.
1834....	32,378	607,081	89,081	31,477	582,468	86,671
1835....	29,997	591,795	82,842	29,225	588,096	85,511

Si l'on retranche ces nombres de la navigation générale de la France, l'on aura pour les années 1834 et 1835 les résultats suivans :

Années.	ENTRÉES. Navires.	Tonnage.	SORTIES. Navires.	Tonnage.
1834.....	83,265	3,829,056	71,509	3,842,877
1835.....	79,111	3,658,365	78,346	3,743,222

Ce qui peut expliquer la diminution qui, maintenant, d'après ces chiffres, se remarque dans le nombre total des navires et du tonnage de la France, c'est que depuis l'année 1833 les états de mouvemens de la navigation ont cessé de mentionner, à l'article pêche, le nombre de bateaux se livrant à la petite pêche, et dont le nombre, tonnage et équipage, étaient :

	Bateaux.	Tonnage.	Équipages.
En 1833...............	4,061	30,465	20,297
1834...............	4,733	33,513	23,574
1835...............	5,884	41,555	26,358

Ces nombres, bien que les états de navigation n'en parlent pas, doivent être confondus dans le chiffre total de la navigation intérieure des rivières et rades.

Les mouvemens des ports du Havre et de Bordeaux présentent les résultats suivans, savoir :

Entrées.

	Le Havre.		Bordeaux.	
	Navires.	Tonnage.	Navires.	Tonnage.
1826	3,672	329,770	3,491	237,558
1830	3,631	359,737	3,224	239,863
1832	3,596	388,551	3,068	225 348
1835	4,283	487,137	2,988	234,408
Total de 1826 à 1835	34,932	3,618,289	32,024	2,304,099

Sorties.

1826	2.754	211,196	3,396	226,395
1830	3,087	260,128	3.144	235,135
1832	2.900	311,851	3.284	248,887
1835	4.286	488,646	3,012	259,942
Total de 1826 à 1835	30 575	2,804,955	31,984	2,467 579

Si l'on considère le tonnage moyen des navires à ces différentes années on aura les résultats suivans :

Années.

Ports.	1826	1830	1832	1835	Moyenne pendant les dix ans.
Marseille.........	71	92	88	84	84
Le Havre.........	89 8/10	99	108	114	104
Bordeaux.	68	74	73	71	78
Navigation totale..	37	39	43	39	39

Le Havre, par conséquent, l'emporte par le tonnage moyen des navires, Marseille vient ensuite et Bordeaux est, de ces trois ports, celui où le tonnage moyen est le plus faible, bien qu'il soit environ le double du tonnage moyen de la France.

Si nous comparons les mouvemens de ces trois ports au mouvement total de la navigation de la France sous le rapport du nombre

des navires et de leur tonnage, nous aurons les chiffres suivans :
Le nombre des navires et du tonnage total étant 1000.

Années.	MARSEILLE.		LE HAVRE.		BORDEAUX.	
	Navires	Tonnage.	Navires.	Tonnage.	Navires.	Tonnage.
1826	70	134	43	104	41	75
1830	67	159	41	102	36	65
1832	80	175	40	109	34	63
1835	59	127	39	114	27	55
Moyenne de 1826 à 1835.	68	143	38	103	35	65

Ainsi pendant les dix années écoulées de 1826 à 1835 les mouvemens du port de Marseille, sous le rapport du nombre des navires, ont été le 15me. de la navigation générale de la France et le 7me. sous celui du tonnage ; ceux du port du Havre ont été le 26me. des navires et le 10me. du tonnage. Bordeaux ne figure que pour 1/28 des navires et 1/15 du tonnage dans le mouvement total.

Les rapports de Marseille sont toujours croissans, à l'exception de l'année désastreuse du choléra ; ceux du Havre diminuent dans le nombre des navires et augmentent dans celui du tonnage, et Bordeaux diminue progressivement et dans le nombre et dans le tonnage de ses bâtimens.

Nous avons examiné et comparé jusqu'ici les résultats généraux de la navigation totale de la France et de ses trois principaux ports de commerce, et nous avons vu qu'aucun des chiffres (hors ceux de 1835) n'indiquait de décroissance dans les mouvemens de notre port. Examinons, maintenant, les diverses branches de notre navigation, c'est-à-dire le commerce avec l'étranger, avec nos colonies et le cabotage. C'est le plus sûr moyen d'être bien fixé sur la véritable situation de notre port eu égard à la France entière et aux autres villes de commerce.

Comme il eût été peut-être trop long de donner, année par année, le tableau des mouvemens des navires de ces diverses catégories, ce qui eût fait une suite de quatre tableaux décennaux, j'ai préféré ne donner, pour le commerce étranger et celui des colonies, que les chiffres des années 1826, 30, 32 et la moyenne des dix années de 1826 à 1835. Quant au cabotage, j'ai pris seulement les chiffres totaux.

COMMERCE AVEC L'ÉTRANGER.

Tableau des mouvemens de la navigation faite concurremment avec l'étranger.

§ 1, NAVIRES FRANÇAIS.

Entrées.

	DANS LA FRANCE.			A MARSEILLE.		
Années.	Navires.	Tonnage.	Equïpages.	Navires.	Tonnage.	Equipages.
1826	2,997	247,308	22,363	858	85,851	6,592
1830	2,815	235,907	20,397	810	73,084	5,762
1832	3,856	292,983	26,347	1,155	103,978	8,533
1835	3,760	327,595	33,272	872	82,909	6,049
Moyenne de 1826 à 1835.	3,385	261,879	24,214	890	84,213	6,594
1836	»	»	»	908	103,107	»

	AU HAVRE.			A BORDEAUX.		
1826	265	46,742	2,921	167	27,982	1,809
1830	239	44,127	2,510	147	30,127	1,960
1832	265	43,465	2,489	155	27,072	1,831
1835	333	59,222	3,645	175	31,192	2,017
Moyenne de 1826 à 1835.	261	45,918	2,699	159	29,834	1,969

Sorties.

	DE LA FRANCE.			DE MARSEILLE.		
1826	3,027	228,719	22,551	671	79,399	5,610
1830	2,266	156,338	16,281	446	45,563	3,359
1832	3,598	236,756	23,758	841	77,218	6,078
1835	4,685	335,562	33,512	692	78,909	5,679
Moyenne de 1826 à 1835.	3,324	233,557	23,323	643	68,750	5,099
1836	»	»	»	1,062	129,698	»

	DU HAVRE.			DE BORDEAUX.		
1826	161	30,221	1,748	196	34,237	2,466
1830	124	23,826	1,345	113	22,941	1,513
1832	172	30,733	1,572	193	33,424	2,218
1835	284	50,196	3,034	252	46,292	2,932
Moyenne de 1826 à 1835.	177	31,783	1,794	202	36,240	2,446

§ 2. NAVIRES ÉTRANGERS.

Entrées.

	EN FRANCE.			A MARSEILLE.		
Années.	Navires.	Tonnage.	Equipages.	Navires.	Tonnage.	Equipages.
1826	4,910	543,682	»	1,062	114,281	»
1830	5,169	669,283	»	1,577	229,481	»
1832	5,651	714,638	»	1,760	272,342	»
1835	7,683	813,342	62,519	1,426	206,483	13,958
Moyenne de 1826 à 1835.	5,413	621,428	61,969	1,391	184,165	»
1836	»	»	»	1,829	262,698	»

	AU HAVRE.			A BORDEAUX.		
1826	583	125,449	»	369	55,932	»
1830	555	126,927	»	280	48,600	»
1832	639	137,439	»	329	48,710	»
1835	694	153,850	7,777	432	64,641	3,251
Moyenne de 1826 à 1835.	579	124,650	»	314	50,244	»

Sorties.

	DE LA FRANCE.			DE MARSEILLE.		
1826	5,328	432,672	»	1,097	117,440	»
1830	4,139	370,518	»	960	126,688	»
1832	4,636	461,704	»	1,071	157,118	»
1835	7,758	850,398	63,899	1,426	214,765	14,040
Moyenne de 1826 à 1835.	5,288	510,386	»	1,135	152,185	»
1836	»	»	»	1,808	270,064	»

	DU HAVRE.			DE BORDEAUX.		
1826	195	32,072	»	401	56,968	»
1830	188	37,607	»	311	50,050	»
1832	239	59,463	»	406	64,200	»
1835	675	163,785	»	407	71,305	3,360
Moyenne de 1826 à 1835.	295	65,549	»	392	64,854	3,463

Si l'on compare les chiffres de la navigation avec l'étranger, en 1830, avec ceux de l'année 1826, l'on remarque une diminution notable, en 1830, dans le nombre des navires et dans leur tonnage, non-seulement dans les mouvemens totaux de la France, mais encore dans ceux de chacun de ses trois grands ports de commerce. Il n'y a d'exception dans le mouvement général de la France et dans celui du port de Marseille qu'à l'égard des navires étrangers.

Cette diminution prouve ce que j'ai déjà dit sur l'état de malaise du commerce pendant les années 1829, 30 et 31. Quant à l'augmentation du nombre des navires étrangers qui se fait remarquer à Marseille, tandis qu'il y a diminution dans les ports du Havre et de Bordeaux, la différence s'explique facilement par le grand nombre de bâtimens italiens et autres qui furent nolisés pour le transport des troupes et du matériel de l'expédition d'Alger. Les chiffres de l'année 1832 surpassent presque tous, ceux des années 1826 et 1830.

Quant à Marseille les mouvemens totaux de la navigation avec l'étranger (entrée et sortie) en 1836, surpassent de 1548 navires et de 276,254 tonneaux les moyennes des dix années, et de 780 navires et 154,911 tonneaux ceux de l'année, hors ligne, 1832. Il est donc impossible d'admettre que notre navigation avec l'étranger soit décroissante.

Si l'on considère la moyenne du tonnage et des équipages des navires, pendant cette série de dix années, l'on aura :

Navires.

| PORTS | FRANÇAIS. | | | ÉTRANGERS. | | |
| | *Nombre* | | | *Nombre* | | |
	De Tonneaux.	D'hommes d'équipage.	Tonneaux. par homme.	Tonn.	D'hommes d'équipage.	Tonneaux par homme.
Marseille.....	94	7	13	131	10	13
Le Havre.....	176	10	17	215	11	20
Bordeaux.....	187	12	15	160	8	20
Moyenne de la France.....	77	7	11	115	7	16

Il résulte de cet examen, que des trois grands ports de France, le port de Marseille est celui où les bâtimens qui font le commerce avec l'étranger ont, en général, le tonnage le plus faible et l'équipage le plus nombreux, et le port du Havre celui qui reçoit les navires du plus fort tonnage. Nos relations suivies avec l'Espagne et l'Italie expliquent la faiblesse de la moyenne du tonnage des bâtimens employés au commerce avec l'étranger.

Si nous comparons les mouvemens du commerce étranger des trois grands ports du royaume au mouvement total de la France (supposé être 100) sous les rapports du nombre des navires, de leur tonnage et de leurs équipages nous aurons les résultats suivans:

Navires Français.

	Navires.	Tonnage.	Équipages.
Marseille..........	26	32	27
Le Havre..........	7	17	11
Bordeaux..........	4,7	11	8

Navires Etrangers.

	Navires.	Tonnage.	Équipages.
Marseille..........	27	29	26
Le Havre..........	11	20	11
Bordeaux.........	5,8	8	5

Ainsi, le port de Marseille reçoit un peu plus du quart des navires et un peu moins du tiers du tonnage du commerce avec l'étranger. Celui du Havre, environ le 11e des navires et le 6e du tonnage, et enfin Bordeaux le 20e des navires et le 10e du tonnage de ce même commerce.

COMMERCE DES COLONIES.

Le mouvement de la navigation de la France (non compris le cabotage), est à celui de l'Angleterre sous le rapport des navires : : 60 : 100, et sous celui de leur tonnage : : 36 : 100 (1). Notre com

(1) En 1834 le mouvement de la navigation de la France, non-compris le cabotage, a été de 11,850 navires entrés dans nos ports, leur tonnage = 1,121,313 tonneaux.

Le mouvement de la navigation de la Grande-Bretagne dans la même année (non-compris le cabotage et le commerce avec l'Irlande), présente pour l'entrée seulement, savoir :

	Navires.	Tonnage.	Equipages.
Navires anglais.....	13,903	2,298,263	126,727
— étrangers...	5,894	833,905	45,897
	19,797	3,132,168	172,624

merce des colonies n'existe pas dans des proportions aussi favorables. Il n'est que le 8ᵉ de celui de la Grande Bretagne sous le rapport du nombre des navires et environ le 10ᵉ sous celui du tonnage,
comme on pourra le voir par le tableau qui suit :

§ 3. COMMERCE AVEC LES COLONIES.

Entrées.

	DANS LA FRANCE.			A MARSEILLE.		
Années.	Navires.	Tonnage.	Equipages.	Navires.	Tonnage.	Equipages.
1826	443	108,468	6,222	84	19,574	1,089
1830	421	104,264	5,854	90	21,442	1,180
1832	434	106,965	6,043	129	31,740	1,840
1835	429	106,174	5,823	130	30,479	1,752
Moyenne de 1826 à 1835.	427	105,697	5,881	97	23,187	1,291
1836	»	»	»	145	37,653	»

	AU HAVRE.			A BORDEAUX.		
1826	147	36,838	1,959	89	22,988	1,372
1830	132	34,568	1,791	97	25,373	1,483
1832	131	32,358	1,686	74	17,744	1,067
1835	147	38,426	1,942	75	19,806	1,059
Moyenne de 1826 à 1835.	137	37,860	1,948	79	20,085	1,180

Les navires venant des colonies anglaises, figurent pour le quart dans
le nombre des vaisseaux et pour plus du tiers dans leur tonnage. En
voici le détail officiel.

Provenances.	Navires.	Tonnage.	Equipages.
Cap de Bonne-Espérance...	27	5,566	33
Ste.-Hélène..............	2	362	19
Ile Maurice..............	75	20,909	1,073
Compagnie des Indes......	186	75,461	4,638
Nouvelle Galle du Sud, etc..	42	12,400	671
Amérique anglaise........	1,905	524,606	23,270
Indes Occidentales........	918	246,605	13,270
	3,155	915,909	42,974

Tables of the revenue, population, commerce of the united kingdom. **Part IV**
Pag. 45.

Sorties.

DE LA FRANCE. — DE MARSEILLE.

		DE LA FRANCE			DE MARSEILLE	
1826	542	127,026	7,668	98	22,108	1,281
1830	413	102,283	6,029	64	16,337	832
1832	447	110,629	6,116	117	29,900	1,632
1835	472	117,398	6,308	111	27,302	1,433
Moyenne de 1826 à 1835.	466	114,831	6.528	95	23,151	1.274
1836	»	»	»	110	27,832	»

DU HAVRE. — DE BORDEAUX.

		DU HAVRE			DE BORDEAUX	
1826	114	29,351	1,558	137	34,083	2,037
1830	90	26,097	1,241	111	26,568	1,631
1832	93	23,865	1,226	90	21,559	1,249
1435	112	30,006	1,537	113	26,763	1,516
Moyenne de 1826 à 1835.	105	28,307	1,428	117	28,626	1,694

Pendant qué la navigation avec nos colonies est restée, à peu près stationnaire, et dans la France et dans les ports du Havre et de Bordeaux; elle a suivi une marche constamment progressive dans notre port, comme on a pu s'en convaincre par les tableaux qui précèdent.

Ainsi les chiffres des mouvemens de la navigation de Marseille avec nos colonies en 1836, (arrivée et départ) dépassent de 63 navires et de 19,147 tonneaux ceux de la moyenne des dix années, et de 73 navires. $=$ 13,803 tonneaux ceux de l'année 1836.

Comparons, comme nous l'avons fait pour le commerce étranger, le tonnage et les équipages des navires employés à cette navigation. Nous aurons pour résultats, savoir :

	Tonnage par bâtiment.	Nombre d'hommes d'équipage.	Nombre de tonneaux par homme.
Marseille.........	239	14	17
Le Havre....... ..	276	14	19
Bordeaux....... ..	254	15	17
France.......... ...	248	14	17

Si nous comparons les mouvemens de la navigation des ports de

Marseille , du Havre et de Bordeaux à la navigation totale de la France avec ses colonies , nous aurons les rapports suivans :

Le chiffre de la France = 100.

ANNÉES.

	1826.		1830.		1832.		1835.	
	nav.	ton.	nav.	ton.	nav.	ton.	nav.	ton.
Marseille .	18	17	21	21	22	20	27	27
Le Havre .	26	28	26	29	25	25	29	30
Bordeaux .	23	24	25	25	19	18	21	21

Ainsi , les rapports de Marseille à la France ont augmenté d'un tiers depuis 10 ans , ceux du Havre d'un sixième environ , et ceux de Bordeaux ont diminué d'un huitième. Marseille est donc la place de la France dont les relations avec nos colonies deviennent chaque année plus étendues et plus actives.

§ 4. CABOTAGE.

Le cabotage et la pêche ont employé, pendant la période décennale que nous avons examinée , savoir :

ENTRÉE.

	Navires.	Tonnage.	Équipages.
De France....	816,261	25,306,195	3,275,652
De Marseille..	38,411	2,158,516	194,357
Du Havre	25 001	1,534,987	96,846
De Bordeaux .	26,486	1,302,760	130,049

SORTIE.

En France....	794,895	24,532,588	3,289,259
Marseille.....	36,110	2,047,387	191,428
Le Havre.....	24,788	1,748,563	104,562
Bordeaux	24,863	1,201,372	122,135

Le tonnage et l'équipage moyens des caboteurs est :

	Tonneaux.	Hommes.	Tonneaux par homme.
En France........	31	4	8
A Marseille.......	56	5	11
Au Havre	61	4	15
A Bordeaux......	49	5	10

D'après cela le cabotage du Havre est le plus économique puisqu'il n'emploie qu'un homme par 15 tonneaux , tandis qu'il y en a

— 41 —

un pour 11 à Marseille , 1 pour 10 à Bordeaux et un pour 8 dans
la totalité de la France. Mais on doit remarquer aussi que la majeure partie du cabotage du Havre a lieu sur la Seine.

Les rapports du cabotage au total de la navigation représentée
par 100 sont les suivans :

	Navires.	Tonnage.
Dans la France...	89	72
A Marseille	61	42
Au Havre.......	72	42
A Bordeaux......	83	56

En conséquence , le commerce extérieur emploie à Marseille les
4/10mes. des navires, au Havre les 3/10mes., à Bordeaux les 2/10mes.
et un peu plus du 10me. dans la France en général.

Pour résumer, en peu de lignes, les longs développemens dans les-
quels je suis entré sur les mouvemens du port de Marseille, je vais
réunir, dans un tableau, comme je l'ai fait pour les marchandises,
les résultats de la comparaison du tonnage des navires entrés pendant l'année 1836 avec ceux des années 1826, 30, 32 et avec la
moyenne des dix années. Les chiffres qui en résulteront, seront,
je pense, concluans.

RÉSULTATS DE LA COMPARAISON

Du tonnage des navires entrés dans le port de Marseille en 1836,
avec le même tonnage pendant les années 1826, 1830, 1832 et la
moyenne des dix années.

	1826		1830		1832		Moyenne de 1826 à 1835.	
	Différ. pour 1836.		différ. pour 1836.		différ. pour 1836.		différ. pour 1836.	
	aug.	dim.	aug.	dim.	aug.	dim.	aug.	dim.
Commerce étranger	ton.							
Navires français...	17,256	—	30,023	—	—	871	18,894	—
— étrangers..	148,417	—	32,217	—	—	9,644	78,533	—
Commerce avec les colonies..	18,079	—	16,211	—	5,913	—	14,466	—
Pêche et cabotage.	59,670	—	32,189	—	43,627	—	49,497	—
Navigation totale..	243,422	—	111,640	—	39,025	—	161,390	—

Ainsi, le commerce avec l'étranger présente, seul, une diminution
en comparant les mouvemens de l'année 1836 avec ceux de l'année

1832 qui fut, comme je l'ai dit. l'année la plus active, et cependant le tonnage total des navires entrés en 1836 surpasse, malgré cette diminution partielle, de 39,025 tonneaux celui des navires entrés en 1832.

La navigation de l'année 1837 paraît devoir être encore plus active qu'en 1836 si l'on en juge d'après les mouvemens du port ci-dessous.

	ENTRÉE.		SORTIE.	
	Navires.	Tonnage.	Navires.	Tonnage.
Pendant le 1er. trim. de 1837	1,714	164,879	1,498	171,730
» » 1836	1,689	147,657	1,652	157,387
Augmentation en 1837....	27	17,222	—	14,343
Diminution en 1837......	—	—	164	—

Il y a augmentation dans le nombre des navires entrés et dans leur tonnage en 1837 et dans le tonnage seulement des navires sortis. Le nombre de ces derniers pendant le premier trimestre de 1836 surpasse de 164 celui de cette année (1). Le mouvement total du port, entrée et sortie, présente donc une augmentation de 31,565 tx. dans ce trimestre.

Il est démontré, je pense, que s'il y a décroissance dans notre commerce, elle ne provient ni de la diminution dans les quantités des marchandises, ni de celle dans le nombre des navires entrés ou sortis.

PRODUITS DES CONTRIBUTIONS INDIRECTES.

Dans les produits généraux des contributions indirectes, les recettes de la douane témoignent, seules, de la prospérité, ou si l'on veut, pour parler plus rigoureusement, de l'activité du commerce et de l'augmentation ou de la diminution dans les mouvemens des marchandises. Les autres produits sont les thermomètres de l'aisance générale. Ces preuves sont indépendantes les unes des autres. Mais lorsque les recettes de toutes les branches de ces contributions augmentent, on peut assurer, sans crainte de se tromper, qu'il y a également augmentation dans la prospérité publique.

(1) La diminution dans le nombre des navires provient principalement des caboteurs : il en est sorti 1018 en 1836 et 872 seulement en 1837.

La progression constante des recettes de la douane viendra corroborer les preuves tirées du mouvement des marchandises et des mouvemens du port, et constater l'accroissement continuel de nos relations commerciales.

Les recettes de notre douane ont été, savoir :

Années.		Sommes.
1810	de	4,993,005 F.
1814		4,775 514
1816		6,176,995
1820		14,766 984
1826		23,566,562
1828		26,373,091
1830		25.899,394
1833		30,997 886
1836		29,965,237

L'année 1828 fut l'année la plus prospère de la restauration. Le produit des trois contributions indirectes du royaume s'éleva, cette année, à 573 millions. Ce chiffre dépasse de 81 millions les produits de 1821, de 22 millions ceux de 1825, et de 22 millions également ceux de 1830. La recette totale des douanes s'éleva à 164 millions, chiffre qui n'avait pas encore été atteint et qui ne fut pas dépassé sous le règne de Charles X. Le chiffre de la recette de la douane à Marseille en 1828, est aussi celui qui a été le plus élevé sous la restauration.

Les produits de la direction des douanes de Marseille, en 1832, 33 et 34, ont dépassé 30 millions. Le maximum de la récette obtenue jusqu'à ce jour (30,997,886 f.) a eu lieu en 1833. Ces chiffres élevés sont dûs à l'accroissement extraordinaire de l'exportation des sucres raffinés, par suite de la prime qui avait été accordée. Ces trois années exceptionnelles écartées, le chiffre de la recette de l'année 1836, n'avait encore été atteint ni sous la restauration, ni depuis 1830. Ce produit dépasse de 1,119,832 f, celui de 1835, et de 3,591,990 fr. celui de 1828.

La recette du 1er. trimestre de 1837 a été de.....F. 6.700,179
Celle du même trimestre en 1836............... 6.615,357

Augmentation en 1837................. ....F. 884,822

Le plus fort produit de la direction de l'enregistrement à Marseille, sous la restauration, a été de 2,720,632 f. en1828. Toutes les recettes, depuis la révolution de juillet, dépassent ce chiffre. Celle de 1836 s'est élevée à 4,156,305 f. Elle surpasse

de   921,585 f. la recette de 1835.
       749,308   «   1834.
    1,003 373   «   1833.
    1,368,860   «   1832.
    1,435,673   «   1828·

La recette du 1er trimestre de 1836 a été de. ...F. 1,072 134
Celle du 1er. trimestre de 1837...... ....   939 708

Diminution en 1837........................F.   132,426

La grande quantité de droits de succession à la suite des décès occasionnés par le Choléra, en 1835, avait augmenté hors de proportion les produits du premier trimestre de 1836. La diminution dans la recette du premier trimestre de 1837, provient de la cessation de cette cause. Toutes les autres branches de l'enregistrement témoignent, par l'augmentation de leurs produits, de celle du bien être de la population.

Les tarifs des droits des contributions indirectes étant plus élevés sous la restauration que depuis 1830, on ne saurait comparer les recettes, avant et après cette époque. Depuis 1831, les produits ont suivi, dans la France et à Marseille, une marche constamment progressive.

La recette de 1836 a été à Marseille de 4,462,246 fr., elle dépasse de 352,374 celle de 1835.

    468,440   «   1834.
    728,163   «   1833.
    979,028   «   1832.

Le 1er. trimestre de 1837 a produit.... ....F 769 031
    «   «   1836   « 737,652

Augmentation en 1837................ ....F. 31,379

Le produit des contributions indirectes dans le département du Nord, qui est le plus populeux et l'un des plus riches et des plus industrieux de la France, a été de 5,741,739 f. en 1835. Cette somme dépasse de 1,631,867 fr. le produit des Bouches-du-Rhône pendant la même année, et cependant la population du Nord surpasse la nôtre de 630,465 habitans. Ainsi les rapports des contributions indirectes de notre département sont à ceux des contributions du Nord : : 82 : 100, celui de la population : : 36 : 100. D'où il résulte que dans les Bouches-du-Rhône, la population paye près de deux fois et demie de plus de contributions que dans le Nord, et, par conséquent, il doit y avoir beaucoup plus d'aisance en général dans le premier que dans le second.

Terminons l'examen des produits des contributions indirectes par celui de l'impôt tout-à-fait local, celui de l'octroi. Sa marche a été également progressive depuis 1831, à l'exception de 1835.

Le total des recettes de l'octroi en 1837 a été de 2,624,869 fr.

Elles dépassent de 303,266 celles de 1835
De.......... 159,211   —   1834
De.......... 177 221   —   1833
De.......... 401,454   —   1832
De.......... 681,319   —   1828

Sous la restauration, la recette de l'octroi la plus forte avait été celle de 1828.

Le produit du 1er. trimestre de 1837 a été de 652,402 F.
Celle du 1er. trimestre de 1836.......... 584,553

Augmentation en 1837............. 67,849

Par conséquent, il y a lieu de croire que la recette totale de 1837 surpassera encore celle de 1836 qui, jusqu'à ce jour, n'avait pas eu d'égale.

Ajoutons une dernière preuve du bien-être général de notre population, surtout dans la classe ouvrière, et prenons-la dans les mouvemens de la caisse d'épargnes. Cette banque, de la petite propriété, est destinée à recevoir et à faire fructifier les petites économies du journalier et à lui procurer une ressource au moment du besoin ou du manque d'ouvrage.

Mouvemens de la Caisse d'Épargnes de Marseille, de 1834 à 1837.

| Années. | DÉPOTS. | | REMBOURSEMENS. | |
	Nombre de Nouv. Déposaus.	Sommes déposées.	Nombre de personnes.	Sommes remboursées.
1833......	462	261,682 F.	66	63,342 F.
1834......	589	432,945	80	184,724
1835......	883	751,573	465	305,515
1836......	1,523	1,193,207	494	508,759
	3,457	2,639,407	1,105	1,062,340
1837 1er. trimestre..	364	339,177	110	193,709

Depuis trois ans les versemens ont presque toujours été le double des remboursemens. Malgré les bruits alarmans que l'on a cherché à répandre sur cet utile établissement, les dépôts, pendant le 1er. trimestre ont encore surpassé les remboursemens de 145,408 fr. En serait-il ainsi si notre commerce était en décadence, si les mouvemens du port diminuaient et si nos ouvriers manquaient de travail ?

L'état prospère de la Caisse d'Épargnes vient donc corroborer toutes les autres preuves, directes ou indirectes de la prospérité de Marseille.

RÉSUMÉ.

J'ai prouvé d'une manière incontestable, et par des chiffres officiels, qu'en comparant les résultats obtenus pendant l'année 1836 aux résultats des années antérieures, au lieu des diminutions annoncées par MM. les Courtiers et M. Clapier, il y a eu pendant cette année :

1° Augmentation dans les quantités des marchandises importées et dans celles exportées ;

2° Augmentation dans le nombre et dans le tonnage des navires arrivés ou partis ;

3° Augmentation dans les produits de la recette des douanes;

4° Augmentation des produits des contributions indirectes ;

5° Augmentation des produits de l'octroi;

6° Augmentation dans le nombre des déposans et dans les sommes déposées à la caisse d'épargnes de notre ville.

Les trois premières augmentations prouvent celle de l'activité incessante de nos relations commerciales.

Les trois autres, la prospérité et le bien-être des diverses classes de la population.

En conséquence, je crois être en droit de dire que loin que la décroissance du mouvement du port et la décadence du commerce soient palpables comme l'ont avancé le Syndicat des Courtiers et M. Clapier, notre navigation et notre commerce n'ont jamais eu autant d'activité qu'en 1836, soit sous la restauration, soit depuis la révolution de juillet.

Cependant, je suis loin de vouloir affirmer, que, dans ce moment, tous les négocians réalisent des bénéfices...... Rien ne serait moins vrai..... Une crise commerciale, jusqu'ici sans exemple, se fait ressentir dans toutes les places des États-Unis et de l'Europe, Marseille ne pouvait en être à l'abri.... Cette crise pouvait nous être d'autant plus funeste qu'elle a succédé chez nous à l'année désastreuse du choléra et aux craintes d'une crise financière que nous avons heureusement traversée, l'année dernière, sans éprouver de désastres...... La production ayant été généralement plus considérable que la consommation, il y a eu, partout, surabondance ou engorgement de matières premières et de marchandises fabriquées. Cette surabondance survenant dans un moment où le numéraire s'était raréfié, où l'agio était très élevé, devait nécessairement occasioner une baisse dans les prix, ralentir les spéculations, arrêter les ventes, et, par là, faire éprouver des pertes aux détenteurs. C'est ce qui est arrivé.

Ces crises commerciales, d'ailleurs, ne sont pas rares, et l'on a remarqué qu'elles se reproduisent tous les six ou sept ans, et succèdent, presque toujours, aux années les plus actives. Elles sont très-malheureuses, sans doute, car elles occasionent toujours des désastres et font plus ou moins de victimes, et comme les épidémies qui enlèvent toutes les personnes maladives dont les jours de souffrance étaient déjà comptés, de même, ces crises décident la chute des maisons de commerce qui ne se soutenaient que par un crédit assis sur des bases douteuses et incertaines. Elles prouvent la solidité de celles qui les traversent en fesant constamment honneur à leurs engagemens. Son heureuse position, la nature de son commerce et la prudence de ses négocians, concourent à rendre la crise actuelle moins funeste à Marseille qu'aux autres grandes places de l'Europe , et la preuve s'en trouve dans le petit nombre de faillites déclarées au Tribunal de commerce pendant le premier trimestre de cette année (1). Cependant, je le répète , je sais que , dans ce moment, nos négocians éprouvent des pertes plus ou moins fortes, selon la branche de commerce à laquelle ils sont adonnés, et la tranquillité de notre place pendant ce moment d'orage prouve la vérité de ce bel hommage que M. le comte de Villeneuve a rendu à nos négocians. *La réputation de solidité de ses maisons de commerce (de Marseille) , de ses banquiers , de ses assureurs, égale leur réputation de probité* (2).

Ces instans de crise et de malaise ne seront, je l'espère, que passagers. , et d'ailleurs ils ne peuvent contredire ce que j'ai avancé et prouvé, c'est-à-dire. que jamais, soit avant, soit après 1830, le commerce de notre ville, et les mouvemens de notre port n'avaient eu autant d'activité qu'en 1836. Or , comme le mémoire que je réfute a été écrit en 1836 , je suis en droit de dire que le Syndicat des Courtiers et M. Clapier (trompé sans doute par les chiffres inexacts qui lui ont été fournis) ont commis une grande erreur en assurant que la *navigation de notre port était en décroissance et notre commerce en décadence palpable*. Je devais la relever, je l'ai fait.

Mais tout en constatant l'augmentation incessante d'activité de notre commerce , je ne veux pas en induire que rien ne peut nous ravir le sceptre que nous tenons de notre heureuse position, et que nous devons nous endormir, sans craintes, à l'ombre des forêts de mâts de nos vaisseaux ou sur les gazons parfumés de nos pinèdes. Loin de moi cette idée ! Lorsque l'on a d'aussi grands avantages que ceux que nous possédons, il faut tout faire pour les conserver, et malheureusement , depuis bien des années , nous dépensons en projets le temps que d'autres villes emploient à les exécuter.

(1) Huit faillites seulement ont été déclarées au Tribunal de Commerce, du 1er. janvier au 31 mars 1837 ; l'une d'elles remonte à l'année 1823. Le passif des sept autres (y compris celles de deux cordonniers) s'élève à 873,000 fr. Ces chiffres , sous le rapport du nombre et sous celui du passif sont au-dessous des moyennes des années antérieures.

(2) Statistique des Bouches-du-Rhône, tome IV, page 949.

La marchandise est grevée, chez nous, de frais considérables , et ces frais éloignent de notre port des navires qui, pour les éviter , se rendent en Italie. Nous devons nous appliquer à les diminuer Nous y parviendrons en simplifiant la main-d'œuvre et surtout en construisant les docks, dont on parle depuis si long-temps, et qui nous seraient si nécessaires ! Mais quand nos projets de docks s'exécuteront-ils ? L'insuffisance de notre port se fait sentir tous les jours davantage : il y aura bientôt urgence à l'agrandir, ou bien il faudra en creuser un nouveau et le bassin du carénage qui aurait satisfait aux premiers besoins reste inachevé !... Depuis près d'un siècle l'on s'occupe d'un canal qui donnerait un grand développement à notre industrie et couvrirait de végétation nos collines arides et brûlées. Les plans et les projets se succèdent et le premier coup de pioche n'est pas encore donné ! Quand le sera-t-il ? Enfin , de toutes parts l'on construit des chemins de fer. Leurs réseaux couvrent une partie des États-Unis (1) ils s'étendent en Angleterre (2), en Allemagne, en Belgique. Depuis bien des années Lyon communique avec St.-Etienne, au moyen d'un chemin de fer. Chez nous on étudie encore les directions qu'il convient de leur donner. Quand sera-t-on fixé sur le choix, et quand l'exécution des projets commencera-t-elle ?

Prenons y garde ! malgré notre avance , si nous ne marchons, nous serons dépassés : imitons nos voisins, marchons comme eux , et nous conserverons et augmenterons notre avance et nos avantages.

Je ne veux pas quitter la plume sans répondre aux attaques dirigées par M. Clapier contre la Société de Statistique, dont naguères j'avais l'honneur d'être le président.

La meilleure manière, dit-il, *de soutenir un gouvernement, ce n'est pas de le bercer d'illusions , c'est de lui faire connaître la vérité. C'est*

(1) Dès 1833, le congrès constatait, aux États-Unis, 46 chemins de fer terminés et 137 commencés. Le développement des chemins de fer terminés égalait, en 1835, 2,560 kilomètres ou 640 lieues.

(2) En Angleterre, à la fin de 1834, 23 chemins de fer étaient livrés au public. Leur développement présentait une longueur de 388 milles anglais.

(Journal de l'Industriel 1836, p. 73, et 115.)

7

parce que je suis convaincu de l'excellence de cette maxime que j'ai toujours dit la vérité et que j'ai rectifié les erreurs. En agissant ainsi je n'ai donc été ni imprudent ni maladroit.

Sous un gouvernement despotique, il y a, souvent, maladresse ou imprudence à proclamer sa prospérité ou ses richesses, car l'on peut craindre des augmentations dans les impôts, des charges nouvelles, l'envie, la jalousie de telles ou telles localités préférées par le prince ou par ses ministres. Il n'en est pas de même sous un gouvernement constitutionnel, car ici rien n'est arbitraire, et quand on chercherait à déguiser la vérité, on ne pourrait y parvenir; les chiffres seraient là pour vous donner un démenti. Les impôts, leurs répartitions ne se fixent pas au hasard, mais bien d'après les récensemens de l'autorité, les relevés du cadastre et les matrices des rôles, etc., etc., et en cela, de bonnes notions statistiques servent à les répartir également et équitablement. Dans la grande famille des Français, tous les enfans doivent concourir, proportionnellement à leur fortune, à supporter les charges : par conséquent le plus riche doit être le plus imposé.

Je sais que le commerce souffre et se plaint des nombreuses formalités de la douane et surtout du manque d'employés, dont le nombre trop petit, pour satisfaire à tous les besoins, retarde souvent les opérations commerciales (1). Pense-t-on obtenir une simplification de ces formalités, une augmentation dans le nombre des employés en soutenant qu'il y a décroissance dans le mouvement des marchandises et dans celui de notre port? Ce serait absurde! Si l'on pouvait persuader au gouvernement que Marseille est devenue une place du second ordre, les réclamations de sa Chambre de commerce seraient-elles aussi bien accueillies que lorsque nos députés parlent au nom de la troisième cité commerciale de l'univers qui donne à elle seule le cinquième des produits des douanes de la France? Non sans doute! Lorsque Lyon, cette reine de l'industrie fait entendre la voix de ses fabriques, on y prête une attention plus grande qu'on ne le ferait aux réclamations des anciennes capitales déchues, telles que Arles, Avignon, etc. Ainsi donc, nos conci-

(1) Le personnel des douanes à Marseille a été successivement augmenté, mais ces augmentations ne sont pas en rapport avec l'accroissement continuel du nombre et du tonnage des navires comme on peut en

,toyens n'ont rien à craindre de la publication de la vérité (1) et qui sait si Marseille en décadence eût été choisie pour le point de départ des bateaux à vapeur qui vont établir des communications directes avec l'Orient et contribuer, ainsi, à accroître nos relations avec ces contrées, avantage d'autant plus grand, que le commerce paraît reprendre la route qu'il suivait avant les découvertes et les conquêtes des Portugais.

« *Quand le conseil général du département, dit M. Clapier, a* « *voulu dégrever les deux autres arrondissemens pour surcharger* « *Marseille, sur quoi s'est-il fondé? Sur notre immense prosperité.* « *Où a-t-il puisé ses argumens? Dans les rapports de nos sociétés de* « *statistique.* »

Le conseil général est composé de 27 membres dont neuf seulement représentent Marseille. Il n'est pas é'onnant que dans les questions financières surtout, les arrondissemens agricoles qui comptent dix huit voix se dégrèvent aux dépens de Marseille. Car malheureusement l'intérêt particulier fait souvent taire la voix de

juger par la comparaison du personnel de l'administration et des mouvemens du port.

années.	Personnel des Douanes.			Mouvement du port. Entrée et Sortie.	
	bureaux.	brigades.	total.	navires.	tonneaux.
1825......	121	340	461	11,490	807,000
1830......	119.	376	495	11,145	987,877
1836......	128	392	520	14,499	1,344,370

Ainsi, pour que le nombre des employés des douanes à Marseille, fut, en 1836, dans les mêmes rapports avec les besoins du commerce, qu'il l'était en 1825, il devrait être porté à 684, et il n'est que de 520?

Il n'est pas étonnant, d'après cela, et vu surtout l'augmentation des distances à parcourir, et celles des formalités nécessaires pour la répression de la fraude et de la contrebande; que le commerce éprouve des retards, bien que MM. les employés des douanes soient surchargés de travail. Sera-ce, je le répète, en proclamant que notre navigation diminue, que MM. les Courtiers seconderont M. le Directeur des douanes dans ses demandes d'augmentation d'employés?

(1) Le prix quinquennal fondé par M. le baron Félix de Beaujour est une nouvelle preuve de cette assertion; celui qui remportera le prix sera-t-il taxé d'erreur et de maladresse, s'il prouve qu'il y a eu augmentation dans l'activité de notre commerce?

l'équité. Mais ces partialités sont-elles basées sur les rapports de
nos sociétés de statistique ? Mon adversaire sait, mieux que personne, le contraire, car si l'on en appelait aux tableaux statistiques
la répartition serait toujours équitable.

« *On arriverait à un bien gros chiffre*, dit enfin M. Clapier, en
« *terminant, si l'on voulait supputer tout ce que nous coûtent nos*
« *jactances et notre vanité ; c'est sous ce point de vue que le mé-*
« *moire du syndicat des courtiers a pu dire avec vérité, que les rap-*
« *ports de notre société de statistique sont à la fois une grande er-*
« *reur et une grande maladresse.* »

Je répondrai également en terminant :

Si l'on pouvait supputer le chiffre des pertes que font éprouver
au pays :

Les entreprises échouées par suite de la jalousie ;

Les projets rejetés, bien qu'ils fussent reconnus avantageux au
pays, mais par cela seul qu'ils contrariaient des combinaisons pro-
ductives seulement pour quelques-uns ;

Les obstacles sans nombre opposés à toutes les améliorations par
les seules alarmes des industries déjà existantes ;

Les susceptibilités de l'amour-propre contrarié ou froissé ;

Les difficultés à faire adopter les améliorations, etc.; à coup
sûr l'on arriverait à un bien plus gros chiffre que celui des pertes
occasionées par la publication de la vérité.

La Société de Statistique de Marseille a été instituée, comme je
l'ai déjà dit, pour constater les faits qui s'accomplissent chaque
jour, et en faire connaître les résultats. En proclamant que, loin
de diminuer, notre commerce devient chaque jour plus actif, en
appuyant ce fait de preuves irrécusables, elle a pu contrarier ceux
qui auraient intérêt à faire croire à sa décadence, mais lorsqu'elle
publiera la vérité et rectifiera les erreurs, loin de commettre
une grande maladresse elle s'acquittera de sa mission, et au lieu
d'encourir le blâme ou les reproches de ses concitoyens, elle aura,
au contraire, acquis de nouveaux droits à leur reconnaissance.

FIN.

La bienfaisance de nos compatriotes s'est émue en apprenant le triste événement qui a mis le deuil dans trois familles de notre ville; la mort que des malheureux trouvèrent dans l'anse d'Arenc a rendu plusieurs enfans orphelins; l'auteur de cette brochure désirant s'associer à la compassion de ses concitoyens, a pris la détermination de joindre le produit de la vente de son ouvrage à la souscription ouverte chez M⁰ Renouard, notaire, au profit des enfans de ces trois personnes qui ont péri si cruellement dans la matinée du Dimanche 16 Avril dernier.

www.ingramcontent.com/pod-product-compliance
Ingram Content Group UK Ltd.
Pitfield, Milton Keynes, MK11 3LW, UK
UKHW022148070726
13613UKWH00003B/1440